여행필수
독일어 회화

재판 4쇄 발행··2002년 2월 1일
재판 4쇄 발행··2002년 2월 5일
편저자··서석연
발행인··서덕일
발행처··도서출판 문예림
출판등록··1962년 7월 12일 제2-110호
주소··서울 광진구 군자동 195-21호 문예B/D 201호
전화··(02) 499-1281~2 팩스··(02) 499-1283
http://www.bookmoon.co.kr
Email:my1281@lycos.co.kr
ISBN··89-7482-033-1 33750

잘못된 책은 구입하신 서점에서 교환하여 드립니다.

여행필수
독일어 회화

서석연 저

머리말

 이 책은 우리나라 독일어 학습자와 국제사회에서 활약하려는 의욕에 넘치는 분들을 위해서, 독일어가 실제 생활에서 어떻게 말해지고 있는가를 1000의 예문(부록을 제외)으로 정리한 것입니다. 이 예문등은 필수적으로 알아야 할 것을 총망라 한 것입니다. 그리고 직역에 가까운 이른바 작문 회화의 예를 들지 않았으며, 회화 속에서 독일에 대한 지식도 많이 채택하고, 내용도 가능한 한 자연적인 흐름이 되도록 애썼습니다. 1000의 회화문에는 일련 번호를 붙여서 학습에 도움이 되고 한편으로는 격려가 되도록 배려했습니다.
 회화에서 중요한 점은 상대방이 무엇인가 말하면, 그것에 따라서 즉각 발언하는 일입니다. 회화 獨白이 아니라 어디까지난 對話인 것입니다. 제 아무리 훌륭한 문장일지라도 상대방이 말해 버린 후에 5초쯤 지나서 말하게 된다면 그것은 회회가 되지 않습니다.
 그렇다면, 중단되지 않고 대화를 계속하려면 어떻게 하면 좋을까요? 어쨌든 부끄러워하지 말고 말할것, 기계적으로 독일어가 입에서 나오도록 연습을 거듭 반복해야 합니다. 그러기 위해서는 독일어로 생각하는 습관을 몸에 익혀야만 합니다.
 이 책은 독일인의 사고방식과, 독일어의 분위기, 리듬 등을 알 수 있도록 머리를 짜서 엮었습니다.
 그러므로 언제나 들고 다니면서 익숙해지고 친해지도록 애써주십시오. 그렇게 하면 자연히 독일어로 생각하게 될 것이 분명합니다.
 회화의 공부는 자전거를 타는 연습과도 같습니다. 여러차례 넘어지고 나서야 비로서 자전거를 탈수 있게 되지 않습니까? 그리고 일단 할 수 있게 되면, 넘어지려고 해도 좀처럼 넘어지지 않습니다. 어학공부도 이것과 마찬가지이며, 여러차례 부끄럼을 당하고, 실패를 거듭함으로써, 비로서 말할 수 있게 되는 것입니다.

 이 책은 말하자면 자전거를 탈 수 있게 될 때까지의 단계를 취급하고 있습니다. 기본적인것을 말할 수 있게 되면, 말하는 것을 잊어버리는 일도 없어지고 응용도 자유롭게 될 것입니다.

 발음에 있어서 반드시 악센트와 모음의 長短에 주의해서 반복하여 큰 소리로 발음을 할 것을 거듭 강조합니다.

 학문에는 王道란 없습니다. 특히 어학공부는 인내심을 가지고 꾸준히 반복하는 것만이 지름길입니다. 항상 이 책을 가까이하여 부단한 노력으로 力盡하시길 간곡히 바랍니다.

저자 서석연

차 례

- **머리말**
- **기초지식** · 5
- 1] 인사의 관용적 표현 · · · · · · · · · · · · · · · · 11
- 2] 장소에 관한 관용적 표현 · · · · · · · · · · · · · 21
- 3] 방문할 때의 관용적 표현 · · · · · · · · · · · · · 26
- 4] 소개 · 초대의 관용적 표현 · · · · · · · · · · · · 31
- 5] 약속, 권유의 관용적 표현 · · · · · · · · · · · · 45
- 6] 쇼핑의 관용적 표현 · · · · · · · · · · · · · · · · 54
- 7] 음식점에서의 관용적 표현 · · · · · · · · · · · · 68
- 8] 가정생활의 관용적 표현 · · · · · · · · · · · · · 78
- 9] 교통기관의 관용적 표현 · · · · · · · · · · · · · 88
- 10] 자동차에 관한 관용적 표현 · · · · · · · · · · · 101
- 11] 길 안내의 관용적 표현 · · · · · · · · · · · · · 107
- 12] 관광여행의 관용적 표현 · · · · · · · · · · · · 116
- 13] 시간에 관한 관용적 표현 · · · · · · · · · · · · 123

14] 전화에 관한 관용적 표현 · · · · · · · · · · · · 132

15] 사과의 관용적 표현 · · · · · · · · · · · · · · · · 139

16] 부탁의 관용적 표현 · · · · · · · · · · · · · · · · 145

17] 자연현상의 관용적 표현 · · · · · · · · · · · · · 150

18] 호텔에서의 관용적 표현 · · · · · · · · · · · · · 156

19] 미용실, 이발소에서의 관용적 표현 · · · · · · · 162

20] 병원에서의 관용적 표현 · · · · · · · · · · · · · 168

21] 은행에서의 관용적 표현 · · · · · · · · · · · · · 182

22] 우체국에서의 관용적인 표현 · · · · · · · · · · · 188

23] 스포츠의 관용적 표현 · · · · · · · · · · · · · · · 194

24] 학교생활의 관용적 표현 · · · · · · · · · · · · · 204

25] 관공서에서의 관용적 표현 · · · · · · · · · · · · 212

26] 전세방을 찾을 때의 관용적 표현 · · · · · · · · 219

부록] 사용도가 높고 짧은 관용적 표현 · · · · · · · 225

독일어의 기초 지식

기초지식

이 책 「관용적 표현」에 들어가기 전에 극히 일반교양적인 독일어에 관한 기초 지식을 머리에 넣어두기로 합시다.

언어학적으로 보면, 독일어나 영어는 인도·게르만어에서 유래된 말입니다. 말하자면 자매어의 관계에 있기 때문에, 양자는 닮은 점이 많이 있습니다. 단 긴 세월에 걸쳐서 각각 변화 발전했기 때문에, 다른 점도 적지 않습니다. 예를 들면 독일어의 경우, 명사에 남성·여성·중성이란 3개의 문법상의 성과 4개의 격이 있습니다. 성의 차이는 각각 정관사 der〔데아〕(남성), die〔디-〕(여성), das〔다스〕(중성)에 의해서 명시되고, 격의 변화는 원칙적으로 관사의 변화에 의해서 행해집니다. 명사는 항시 첫글자를 대문자로 쓰는 점도 영어와 다른 점입니다. 그리고 명사의 복수형은, 영어의 경우에는 단수에 -s를 붙이면 되지만, 독일어에는 여러 종류의 복수형을 만드는 방법이 있습니다. 예를 들면 복수를 우무라우트(변모음)로 나타내는 것은 그 하나의 방법입니다.

이밖에, 형용사에 어미변화가 있거나, 동사의 어미변화가 영어에 비해서 복잡하며, 경칭과 친칭의

사용 구분등이 있어서 까다롭습니다.

 독일어는 어렵고 시작하기에 약간 힘이 드는 것도 이 때문입니다. 확실히 단편적인 문법사항의 암기는 힘든 일이며 어렵기도 합니다.

 이에 대해서 독일어를 귀로 학습해가는 방법은, 문법을 그렇게 의식하지 않고, 자연히 외우는데는 적합합니다. 어느 나라의 언어일지라도 최후에 구어(口語)가 있고, 그 후에 문법이 성립되었다고 하는 사실에 생각을 돌려주십시오. 문법이 먼저 있었고, 말이 다음에 생긴것은 아닙니다. 그러므로 눈을 통해서만 문법사항을 학습해도 좀처럼 살아있는 독일어를 말할 수는 없습니다. 그렇다고 해서 문법의 중요성을 부정하고 있는 것은 아닙니다. 적어도 초보의 단계에서는 음성에 의한 학습이 중요하다는 것입니다. 그렇기 위해서는 회화문을 큰 소리를 내서 외우는 것이 가장 좋은 방법일 것입니다. 기본적인 문법의 지식은 그 과정에서 자연히 몸에 배게 되는 것입니다.

 그런데 독일어 회화를 배울 때의 이점은 발음이 영어에 비해서 쉬운 점일 것입니다. 그러므로 한국 사람은 시작하기가 쉽습니다. 영어나 프랑스어는 쓰여져 있는대로 읽으면 대개 틀리지만, 독일어의 경우는 대개 맞다고 해도 무방할 정도입니다. 이것은 로마문자식으로 읽을 수 있는 단어가 많다는

독일어의 기초 지식

점, 즉 독일어에서는 철자가 대개 일치되어 있다는 점입니다. 예를 들면,

  Tánte 숙〔백〕   dénken 생각하다.

「탄테데」와 「덴켄」이 바른 발음입니다. 또한 독일어의 악센트는 첫째 음절에 있습니다. 이점도 영어의 악센트가 복잡한 점에 고생한 사람에게는 복음이 될 것입니다. 그러므로 독일어는 원래 한국인에게는 시작하기 쉬운 언어인 것입니다.

그런데 독일어를 공용어(公用語)로 쓰는 나라는, 동서양 독일, 오스트리아, 스위스, 리히텐슈타인, 룩셈브르크등 EU12개국 입니다. 다음에 독일어의 알파벳을 계제하므로 먼저 그 호칭을 기억해 주기 바랍니다. 옛 형태인 독일문자는 현재 거의 쓰여지지 않으므로 이를 할애하고 라틴문자만을 들기로 합니다.

Das Alphabet			[다스 알파베-트]
A	a	[aː]	아—
B	b	[beː]	베—
C	c	[tseː]	체—
D	d	[deː]	데—
E	e	[eː]	에—
F	f	[ɛf]	에프

8 독일어의 기초 지식

Das Alphabet			[다스 알파베-트]
G	g	[geː]	게-
H	h	[haː]	하-
I	i	[iː]	이-
J	j	[jɔt:]	요트
K	k	[kaː]	카-
L	l	[ɛl]	엘
M	m	[ɛm]	엠
N	n	[ɛn]	엔
O	o	[oː]	오-
P	p	[peː]	페-
Q	q	[kuː]	쿠-
R	r	[ɛr]	에르
S	s	[ɛs]	에스
T	t	[teː]	테-
U	u	[uː]	우-
V	v	[fau]	파우
W	w	[veː]	베-
X	x	[Iks]	익스
Y	y	[YpsilAn]	입쉴론
Z	z	[tset]	체트
	β	[ɛs tsét]	에스·체트
Ä	ä	[aːúmlaut]	아-움라우트
Ö	ö	[oːúmlaut]	오-움라우트
Ü	ü	[uːúmlaut]	우-움라우트

기초 지식

발음연습을 겸하여

아-, 베-, 체라는 독일어의 알파벳(자모)의 발음을 다음과 같이 인명(N, Q, Y는 예외)과 결부시켜서 기억하면 편리하다. 이것은 전보나 전화할 때 자주 쓰여지는 관용표현입니다.

A wie Anton
아- 비-안톤

B wie Berta
베- 벨타

C wie Cäsar
체- 쩨-자-

D wie Dora
데- 도-라

E wie Emil
에- 에-미-르

F wie Friedrich
에프 프리-드리히

G wie Gustav
게- 구스타프

H wie Heinrich
아- 하인리히

I wie Ida
이- 이-다

J wie Julius
요트 유리우스

K wie Konrad
카- 콘라-트

L wie Ludwig
엘 루-드빗히

M wie Martha
엠 마르타

N wie Nordpol
엔 노르드포-르

O wie Otto
오- 오토-

P wie Paula
페- 파우라

Q wie Quelle
쿠- 쿠베레

R wie Richard
에르 리햐르트

S wie Siegfried
에스 지-크프리-드

T wie Theodor
테- 테오도-어

U wie Ulrich
우- 우르리히

V wie Viktor
파우 빅토아

W wie Wilhelm
베- 빌헬음

X wie Xanthippe
익스 크산팃페

Y wie Ypsilon
입실론 입실론

Z wie Zeppelin
체트 쳇페린

「아-·비-안톤」은 「안톤의 아-」의 뜻이다. 자기 이름을 말할 때, 이것을 쓰면 철자를 잘못 쓸 염려가 없습니다.

예: Mein Name ist Soh…Siegfried, Otto, Heinrich.
　　「나의 이름은 서 올시다…S·O·H·로 씁니다」.

1. 인사의 관용적 표현

인사

1. **Guten Morgen !**
   구-텐 모르겐
   안녕하세요. (아침 인사)

2. **Guten Morgen, Herr Mann !**
   구-텐 모르겐 헤아 만
   안녕하세요. 만씨 !

3. **Guten Tag !**
   구-텐 타-크
   안녕하세요. (주간 인사)
   Servus ! /Grüβ Gott ! (세르부스) / (구류스·곳트)
   ☞ 남독지방에서는 이렇게도 쓰여집니다.

4. **Guten Tag, Frau May !**
   구-텐 타-크 흐라우 마이
   안녕하세요. 마이여사님 !

5. **Guten Abend !**
   구-텐 아-벤트
   안녕하세요. (저녁 인사)

인사

6. **Guten Abend Fräulein Bundermann!**
구-텐 아-벤트 후로이라인 분다-만

안녕하세요. 분다만양!

7. **Gute Nacht!**
구-테 나하트

안녕히 주무세요.

8. **Gute Nacht, Hans!**
구-테 나하트 한스

잘자라, 한스.

9. **Auf Wiedersehen!**
아우프 비-다-제-엔

안녕!

10. **Tschüs!**
츄스

그럼 또.

☞ 친한 사이끼리 쓰는 스스럼 없는 표현입니다.

11. **Bis bald!**
비스 바르트

자, 그럼

12. **Also, bis nachher!**
알조 비스 나-하헤아

그럼, 나중에 다시.

13. **Alles Gute!**
    알레스 구-테

    무사하기를 (빌다).

14. **Leben Sie wohl!**
    레-벤 지- 보-르

    안녕히 가십시오.

    ☞ 친한 사이로 상대방이 한 사람일때 leb wohl!
    [레-프·보-르], 두 사람 이상일 때는 lebt
    wohl! [레-프트·보-르]라고 합니다.

15. **Wie geht es Ihnen?**
    비- 게-트 에스 이-넨

    안녕하십니까?

16. **Danke, gut. Und Ihnen?**
    단케 구-트 운트 이-넨

    감사합니다. 잘 있습니다. 그런데 당신은?
    ☞ [당신은?] Und Ihnen? [운트·이-넨]으로
    되묻는것이 예의입니다.

17. **Wie geht's dir?**
    비- 게-쓰 디-어

    안녕하신가?

14 독일어 회화

18. Danke, gut. Und dir?
단케   구-트 운트   디-어
고맙네. 잘있어. 그런데 자네는?
☞ 17, 18은 친한 사이[한 사람]인 경우입니다.

19. Danke!
단케
고마워요.

20. Danke schön!
단케   쇠-은
대단히 고맙습니다.

21. Danke sehr!
단케   제아
참 고마워요.

22. Vielen Dank!
피-런   단크
참으로 감사합니다.

23. Herzlichen Dank!
헬쓰릿헨   단크
충심으로 감사드립니다.
☞ 19.~23.은 모두 자주 쓰여지는 감사의 표현입니다.

24. **Nichts zu danken.**
니히쓰 쭈- 단켄

감사할 것은 없습니다.

25. **Keine Ursache.**
케이네 우어잣헤

천만에요.

26. **Bitte !**
빗테

아니올시다.

☞ Bitte Schön[빗테·쉔-] Bitte sehr[빗테·제-아]가 공손한 표현입니다. 이와 같은 표현은 상황에 따라서 「천만에」의 뜻도 됩니다.

27. **Entschuldigen Sie bitte …**
엔트슐디겐   지- 빗테

실례지만…

28. **Entschuldigung !**
엔트슐디궁그

미안합니다.

29. **Verzeihung !**
페아싸이웅그

실례하오.

30. Guten Rutsch ins Neue Jahr!
구-텐 룻츄   인스 노이에 야-르

새해 복 많이 받으십시오!

31. Frohes Neues Jahr!
프로-에스 노이에스 야-르

새해를 축하합니다.
☞ Prosit Neujahr [프로-지트·노이얄-]라고도 합니다.

32. Herzlichen Glückwunsch!
헬쓰릿헨   `그뤽크 분슈

충심으로 축하합니다.

33. Herzlichen Glückwunsch zum Geburtstag!
헬쓰릿헨   그뤽크 분슈   쯤
게부르쓰 타-크

충심으로 생일을 축하합니다.

34. Frohe Ostern!
프로-에 오스테른

부활절을 축하 합니다.

35. Frohe Weihnachten!
프로-에 바이나하텐

크리스마스를 축하합니다.

1. 인사의 관용적 표현 17

36. Frohes Fest!
프로-에스 페스트

축하합니다.
☞ 축제일이나 파티의 인사입니다.

37. Gesundheit!
게준트하이트

몸조심 하세요!
☞ 남이 재채기를 했을 때 말합니다.

38. Gute Besserung!
구-테 벳세룽그

쾌유를 빕니다.
☞ 병의 회복을 빌고 있습니다.

39. Herzliches Beileid!
헬쯔릿헤스 바이라이트

충심으로 조의를 표합니다.

40. Lange nicht gesehen!
랑게 니히트 게제-엔

오래간만 입니다 그려.

41. Grüßen Sie bitte alle!
그류-센 지- 빗테 알레

여러분께 안부를.

18 독일어 회화

42. Ich drücke dir die Daumen.
잇히 드륙케 디-어 디- 다우멘
분발하게나.

43. Guten Erfolg !
구-텐 에아포르크
성공을 빕니다.

44. Viel Glück !
피-르 그뤽크
다행하기를(빕니다) !

45. Haben Sie gut geschlafen ?
하-벤 지- 구-트 게슈라-펜
잘 주무셨습니까 ?

46. Herzlich Willkommen !
헬쓰릿히 빌콤멘
잘 와 주셨소.

47. Mahlzeit !
마르싸이트
많이 드십시요(식사때의 인사).

48. Guten Appetit !
구-텐 아페티-트
많이 드십시오(식사때의 인사).

47.은 점심식사때, 학생식당 등에서 「안녕하세요」의 뜻으로 쓰이며, 48.은 「어서 드세요」 「먹겠습니다」 등, 그때 그때의 상황에 따라서 쓰여집니다.

Sie와 Du의 사용구분

독일어에서는 상대방과 대화할 때, 친한 정도에 따라서 두 가지의 표현방법이 있습니다. 경칭이라고 칭하는 Sie(당신)과 친칭인(du)입니다. 영어는 you만을 쓰는 점이 다릅니다.

du는 부자간, 형제, 부부, 애인, 친구등의 관계가 깊고 친한 사이에 쓰여집니다. 이것에 대해서 Sie는 첫 대면하는 사람이나, 일반적으로 어른들 사이에서 「당신」이라고 할 때 쓰여집니다. 삼가하는 공손한 표현입니다. 아이들끼리쓰는 것도 du입니다. 어른이 아이에게 말할 때도 du를 씁니다. 그러므로 독일인은 먼저 du부터 배우기 시작하고, 어른이 됨에 따라서 Sie의 용법을 익힙니다. 우리들이 독일어를 배우는 경우에는 보통 이 과정의 반대가 됩니다. 먼저 Sie를 써서 말하기 시작하여 친구나 애인 등의 친한 사이가 되어서 비로서 du를 쓰게 되기 때문입니다.

약어를 우선 「당신」 「너」로 했으나, 이것은

두 표현을 구별하기 위해서 편의하게 붙인 것이며, 언제나 이대로 되는 것은 아닙니다.

예를 들면, 독일에서는 아이가 「아버지」를 du로 부르지만, 이것을 「너」로 번역하면 우습게 될것입니다. 또 한국에서는 아내가 남편을 부를때 「당신」이라고 하지만, 이때 「당신」은 du이며 Sie가 아닙니다.

학생들 사이에서는 처음 만났을 때부터 du를 씁니다. 단 du를 쓸 때에는 서로 이름만을 부릅니다. 성을 부르는 것은 Sie을 쓰는 경우 뿐입니다. 이런 경우에는 성 앞에, 남성인 경우에는 Herr…, 기혼 여성인 경우에는 Frau…, 미혼 여성인 경우에는 Fräulein..를 붙여서 부릅니다. 최근에는 젊은미혼여성(특히 여대생)도 Frau…로 붙여지는 것을 좋아하는 사람이 늘어나고 있습니다. 이것은 아무래도 여성 해방운동의 영향인 것 같습니다.

2. 장소에 관한 관용적 표현

장소

49. Verzeihen Sie bitte, wo ist die Post?
페아싸이헨   지- 빗테   보- 이스트 디 포스트
미안합니다. 우체국은 어디에 있습니까?

50. Wo ist der Ausgang?
보- 이스트 데아 아우스강그
출구는 어디 입니까?

51. Entschuldigen Sie bitte, wo sind die
엔트슐디겐   지- 빗테   보- 진트 디

Toiletten?
토아렛텐
☞ 외출했을 때 묻는 경우 입니다. 방문한 가정 등에서는 Wo ist das Badezimmer? [보-·이스트·다스·바-데씸마-](화장실은 어디인가요)라고 묻는 것이 좋습니다.

52. Wissen Sie, wo ein Taxistand ist?
빗센   지- 보- 아인 탁시- 슈탄트 이스트
택시 승차장은 어디입니까?
☞ 손님을 찾아 돌아다니는 빈차는 독일에는 거의 없습니다.

22 독일어 회화

장소

53. Gibt es hier in der Nähe eine Apotheke?
기프트 에스 히-어 인 데아 네-에 이네
아포테-커

이 근처에 약국이 있습니까?

54. Ja, gleich rechts um die Ecke.
야- 그라이히 레히쯔 움 디 엣케

네. 바로 오른쪽 모퉁이올시다.

55. Wo ist hier ein Restaurant?
보- 이스트 히-어 아인 레스토라-

이 근처에 레스토랑은 어디에 있습니까?

56. Am Markt ist eins.
암 마르크트 이스트 아인스

「광장」곁에 있습니다.

57. Kann man dort billig essen?
칸 만 돌트 비릿히 엣센

거기서는 싸게 먹을 수 있습니까?

58. Billig essen Sie am besten am Bahnhof.
비릿히 엣센 지- 암 베스텐 암
바온호-프

싸게 먹으려면 역이 제일이지요.

2. 장소에 관한 관용적 표현   23

59. Kann man hier telefonieren?
칸   만   히-어 테레포니-렌

여기에 전화가 있습니까?

60. Wo sind wir hier?
보- 진트 비-어 히-어

여기는 어디입니까?

☞ 우리말을 그대로 번역해서, Wo ist hier? [보-·히-어]로 자주 말하게 되는데, 이것은 잘못입니다.

61. Wir sind am Neumarkt.
비어 진트 암 노이마르크트

노이마르크트입니다.

62. Wo ist das auf der Karte?
보- 이스트다스 아우프데아 칼테

지도 위에서는 어디 입니까?

63. Hier.
히-어

여기입니다.

64. Vielen Dank für Ihre Auskunft.
피-렌 단크 피어 이-레 아우스쿤스트

가르쳐 주셔서 대단히 감사합니다.

장소

65. **Verzeihung, wo finde ich eine Buchhandlung?**
페어싸이홍그 보- 핀데 이히 아이네 부-후한트룽그
미안합니다. 책방은 어디인가요?

66. **Wo wohnen Sie?**
보- 보-넨 지-
어디에 사십니까?

67. **Ich wohne in Bonn.**
잇히 보-네 인 본
본에 살고 있습니다.
☞ 살고있는 장소(시·동)앞에 in을 붙입니다.

68. **Wo kann ich Konzertkarten kaufen?**
보- 칸 이히 콘쩨르트카르텐 카우펜
음악회 입장권은 어디서 살 수 있습니까?

69. **Bei der Theaterkasse oder direkt an der Philharmonie.**
바이 데아 테아-타캇세 오-다-디랙트 안 데아 필하르모니-
극장 매표소나 직접 음악당으로 가면 됩니다.

70. **Wo muβ ich umsteigen?**
보- 무스 이히 움슈타이겐

어디서 바꿔타야 합니까?

71. **Am Hauptbahnhof.**
 암 하우프트반-호-프
 중앙역입니다.

72. **Wo ist Monschau?**
 보- 이스트 몬샤우
 몬샤우란 어디인가요?

73. **In der Nähe von Aachen.**
 인 데어 네-에 폰 아-헨
 아헨 근처올시다.

몬샤오의 옛 모조건물

장소

3. 방문할 때의 관용적 표현

74. **Ist Herr Meyer da?**
이스트 헤어 마이어 다-

마이야씨, 계십니까?

75. **Einen Moment, bitte!**
아이넨 모멘트 빗테

잠깐 기다리세요.

☞ Einen Augenblick bitte![아이넨·아우겐부릿크·빗테]라고도 합니다.

76. **Ja, Herr Meyer ist da.**
야- 헤어 마이어 이스트 다-

네. 계십니다.

77. **Bitte, warten Sie hier!**
빗테 발텐 지- 히-어

여기서 기다려 주십시오.

78. **Entschuldigen Sie, kann ich Frau**
엔트슐디겐 지- 칸 이히 후라우

Groβ treffen?
그로-스 트레펜

그로스 여사를 뵙고저 합니다만.

3. 방문할 때의 관용적 표현   27

79. **Wie ist Ihr Name, bitte?**
비- 이스트 이-어 나-메 빗테
당신 성함은 무어라 하십니까?

80. **Mein Name ist Kim.**
마인 나-메 이스트 김
내 이름은 김입니다.

81. **Haben Sie eine Verabredung?**
하벤 지- 아이네 페아아프레둥그
약속을 하셨습니까?

82. **Nein, ich habe keine.**
나인 이히 하-베 카이네
아니올시다.

83. **Warten Sie einen Augenblick, bitte!**
발텐 지- 아이넨 아우겐부릭 빗테
잠깐 기다려 주십시오.

84. **Frau Groß ist momentan nicht da.**
후라우 그로-스 이스트 모멘탄 니히트 다-
그로스 여사는 잠깐 자리를 비웠습니다.

85. **Kommen Sie morgen, dann hat sie**
콤멘 지- 모르겐 단 이스트 지-
ihre Sprechstunde.
이레 슈프래히슈튠데

내일 와 주십시오. 면회시간이 있으니까.

86. **Ich bin mit Herrn Rahn verabredet.**
    이히 빈 밋트 헤른 라-은 페아아프레뎃트

    라은씨와 약속이 되어 있습니다.

87. **Wie heiβen Sie, bitte?**
    비- 하이센 지- 빗테

    이름은 무어라 하십니까?

    ☞ 79. 와 뜻은 같습니다. 단, 물음에 맞추어서, 79. 의 경우에는 Mein Name ist…[마인·나-메·이스트…]이며, 87. 의 경우에는, 다음의 88. 과 같이 Ich heiβe…[잇히·하이세…]라고 대답합니다.

88. **Ich heiβe So Härim.**
    이히 하이세

    서혜림이라 합니다.

89. **Wie bitte?**
    비- 빗테

    넷…?

    ☞ 알아듣지 못할 때 반문하는 표현입니다.

90. **So-Härim.**

    서·혜·림

3. 방문할 때의 관용적 표현

☞ 한국 사람의 이름은 독일 사람에게는 알기 힘이드므로 끊어서 명확히 발음해야 합니다.

91. **Nehmen Sie bitte Platz.**
네-멘 지- 빗테 프랏츠

어서 앉으십시오.

92. **Haben Sie Frau Wild gesehen?**
하-벤 지- 후라오 빌트 거제-엔

빌트여사를 보셨습니까?

93. **Sie ist in die Bibliothek gegangen.**
지- 이스트인 디- 비프리오테-크 게강겐

그녀는 도서관에 갔습니다.

94. **Wann kommt Kai nach Hause?**
반 콤트 카이 나-하 하우제

카이는 언제 돌아오지요?

95. **Ich weiβ es nicht.**
이히 바이스 에스 니히트

모르겠는데요.

96. **Wo finde ich den Schuldirektor?**
보- 핀데 이히 덴 슈-르디렉토-아

교장선생님은 어디에 계신가요?
☞ 교장선생님은 Sehulleiter [슈-르 라이타-]

라고도 합니다.

97. **Fragen Sie bitte den Hausmeister.**
프라겐 지- 빗테 덴 하우스마이스터
수위에게 물어보십시오.

98. **Herr Direktor ist in seinem Büro.**
헤르 디렉토-아 이스트 인 세이넴 뷰로-
교장은 그의 사무실에 있습니다.

류베크의 호르스텐문

4. 소개 · 초대의 관용적 표현

99. Darf ich mich vorstellen? So.
달프 이히 밋히 포아슈텔렌 서

저는 서라고 합니다.

100. Sehr erfreut. Kohl.
제-아 에아프로이트 코-르

반갑습니다. 콜올시다.

101. Ich möchte Ihnen Herrn Fischer
이히 히테 이넨 헤른 핏샤-
vorstellen.
포아슈텔렌

핏샤씨를 소개합니다.

102. Herr Fischer, das ist Herr Kohl.
헤아 핏샤- 다스 이스트 헤르 코-르

핏샤씨, 이분이 콜씨입니다.

103. Angenehm.
안게넴-

잘 부탁합니다.

소개와 초대

104. Darf ich vorstellen? Frau Schopp.
달프 이히 포아슈텔렌 후라우 쇼프
소개하겠습니다. 쇼프여사 입니다.

105. Darf ich bekannt machen?
달프 이히 베칸트 맛헨
자기 소개를 해도 좋을까요?

106. Das ist Her Hansen.
다스 이스트 헤어 한젠
이분이 한젠씨입니다. (남성)

107. Das ist Frau Palm.
다스 이스트 후라우 파름
이분이 파르프여사 입니다. (기혼 여성)

108. Das ist Frl. Runge.
다스 이스트 프로이라인 룬게
이분이 룬게양 입니다. (미혼 여성)

☞ 독일어로 소개할 때는, Das ist…(이것은…)라고 합니다. Frl.는 Frälein [프로이라인]의 생략형입니다.

109. Wer sind Sie bitte?
베아 진트 지- 빗테
누구신가요?

4. 소개·초대의 관용적 표현

110. Ich bin Hong Kildong.
잇히 빈 홍 길동

홍길동이올시다.

111. Wer ist die Dame?
베아 이스트 디- 다-메

저 부인은 누구인가요?

112. Die kenne ich nicht.
디- 켄네 이히 니히트

모르겠습니다.

113. Das ist Herr Yun mein Kollege.
다스 이스트 헤아 윤 마인 코레-게

이분은 나의 동료인 윤씨 올시다.

114. Das ist meine Freundin Suk-ja.
다스 이스트 마이레 프로인딘

나의 여자친구 숙자 올시다.

115. Darf ich um Ihren Namen bitten?
달프 이히 움 이-렌 나-멘 빗텐

당신 성함을 가르쳐 주십시오.

116. Mein Name ist Bak.
마인 나-메 이스트

내이름은 박입니다.

117. Ich freue mich, Sie kennenzulernen.
잇히 프로이에 밋히 지- 켄넨쭈-레르넨
알게 되어 반갑습니다.

118. Darf ich Sie einmal besuchen?
달프 이히 지- 아인말-르 베쥬-헨
한번 방문해도 좋겠습니까?

119. Ja, aber geben Sie mir bitte vorher Bescheid!
야- 아-바-게-벤 지- 밀어 비테 포아헤아
베 이트
네. 다만 오시기 전에 알려주십시오.

120. Besuchen Sie uns doch mal.
베주-헨 지- 운스 도흐 마-르
저의집에 한번 와 주십시오.

121. Kommen Sie am Sonntag mal bei uns vorbei.
코멘   지- 암 타-크 마-르 바이 운스
포아바이
일요일에 한번 저의 집에 들리십시요.

122. Trinken Sie doch mit uns Kaffee.
트핑켄 지- 도흐 밋트 운스 카페-
저희들과 함께 커피를 마시지 않겠습니까?

4. 소개 · 초대의 관용적 표현 35

123. **Möchten Sie nicht herein kommen?**
뫼히텐 지- 니히트 헤린인 콤멘

들어오시지 않겠습니까?

124. **Wir möchten Sie gern zu uns einladen.**
비-아 뫼히텐 지- 게른 쭈- 운스 아인라-덴

당신을 초대하고 싶습니다만.

125. **Paβt es Ihnen am 10.(zehnten) Mai?**
파스트 에즈 이-넨 암   쩬-텐   마이

5월 10일은 형편이 어떻습니까?

126. **Wir möchten Sie und Ihre Frau zum**
비어 뫼히텐 지- 운트 이레 후라우 쭘

Abend essen einladen.
아-벤트 엣센 이인라-덴

당신과 부인을 저녁 식사에 초대하고자 합니다.

127. **Guten Abend, herzlich Willkommen!**
구-텐 아-벤트 헬쯔릿히   빌콤멘

안녕하세요. 잘 오셨습니다.
☞ 찾아온 사람을 현관에서 맞이할 때 씁니다.

128. **Danke für die Einladung.**
단케   퓌어 디- 아인라-둥그

초대해 주셔서 감사합니다.

129. Bitte sehr, die Blumen sind für Sie.
빗테 제-아 디- 부루-멘 진트 퓌어 지-
어서, 이 꽃은 당신에게. (내밀면서)
☞ 독일에서는 방문할 때 일반적으로 꽃을 선사합니다.

130. Wie schön, danke sehr.
비- 쇠-은 단케 제-아
아이구 멋져라. 감사합니다.

131. Kommen Sie herein !
콤멘 지- 헤라인
들어오십시오.

132. Legen Sie Ihren Mantel ab.
레-겐 지- 이-렌 만텔 아프
코트를 벗으세요.

133. Was kann ich Ihnen anbieten ?
바스 칸 이히 이-넨 안비-텐
무엇을 드릴까요 ?

134. Calvados oder Sherry ?
카르바도스 오-다 세리-
카루바도스, 아니면 세리 ?
☞ 카루바도스는 사과술을 증류한 브랜디 입니다.

4. 소개 · 초대의 관용적 표현

135. Sherry, wenn ich bitten darf.
세리— 벤 이히 빗텐 달프

호의를 받아들여, 그럼 세리를.

136. Tun sie bitte wie zu hause.
투—온 지— 빗테 비— 쭈— 하우제

아무쪼록 편히 하십시오.

137. Kennen Sie Herrn Schön?
켄넨 지— 헤른 쇠—온

쇤씨를 아십니까?

138. Es freut mich, Sie kennenzulernen.
에스 프로이트 밋히 지— 켄넨쭈—레르넨

처음 뵙겠습니다(반갑습니다.)

139. Woher sind Sie?
보—헤아 진트 지—

어디서 오셨습니까?

140. Woher kommen Sie?
보—헤아 콤멘 지—

어디서 오셨습니까?

141. Ich komme aus Korea.
잇히 콤메 아우스

한국에서 왔습니다.

142. Haben Sie ein Hobby?
하-벤 지- 아인 호비-
취미는 무엇인가요?

143. Was sind Sie von Beruf?
바스 진트 지- 폰 베루-프
직업은 무엇입니까?

144. Wieviele Geschwister haben Sie?
비피-레 게슈비스타- 하-벤 지-
형제 자매가 몇이나 됩니까?

145. Ich habe zwei Schwestern und zwei Brüder.
이히 하-베 쓰바이 슈베스테른 운트 쓰바이
부류다-
누이동생(누님)이 2명, 동생(형)이 2명입니다.

146. Wir sind vier Geschwister.
비어 진트 피-아 게슈비 스타-
우리는 4형제입니다.

147. Ich bin der älteste Sohn.
이히 빈 데아 엘테스테 조-은
나는 장남입니다.

4. 소개·초대의 관용적 표현 39

148. **Rauchen Sie?**
라우헨 지-
담배를 피우십니까?

149. **Ja, bitte.**
야- 빗테
네, 감사합니다.

150. **Zigarette?**
씨가렛테
권련을 피우시겠습니까?
☞ Möchten Sie eine Zigarette? [뫼히텐·지-·아이네.씨가렛테]의 간결한 표현입니다.

151. **Nein, danke.**
나인 단케
아니요, 좋습니다.

152. **Darf ich rauchen?**
달프 이히 라우헨
담배를 피워도 될까요.

153. **Ja, aber nur auf dem Balkon.**
야- 아-바-누어 아우프 뎀 발콘
네, 하지만 발코니에서
☞ 담배를 피우는 경우에는 152. 와 같이 묻고나서 피우는 것이 예의입니다. 또한 식사 도중에 담

배를 피워서는 안됩니다.

154. Können Sie irgendein Musikinstrument spielen?
쾨넨 지- 이르겐트아인 무지-크인슈트루멘트 슈피-렌

어떤 악기를 연주할 수 있습니까?

155. Ja, ich spiele Geige.
야- 이히 슈피-레 가이게

네, 바이얼린을 합니다.

156. Was sehen Sie am liebsten im Fernsehen?
바스 제-엔 지- 암 리-프스텐 임 페른제-엔

텔레비젼의 프로그램 중에서 무엇을 제일 좋아하십니까?

157. Ich sehe sehr gern die Tagesschau.
이히 제-에 재아 게른 디- 타-게스샤우

뉴스를 보는 것을 좋아합니다.

158. Kommen Sie bitte zum Essen.
콤멘 지- 빗테 쭈-음 엣센

식사 준비가 되었습니다. 어서.

4. 소개·초대의 관용적 표현

159. Bitte, setzen sie sich !
빗테 젯쎈 지- 짓히
앉으십시오.

160. Nehmen Sie noch Gemüse !
네-멘 지- 놋호 게뮈-제
야채를 드십시오

161. Können Sie mir bitte die Butter reichen.
쾬넨 지- 미-아빗테 디- 보터
라이헨
버터를 이쪽으로 부탁합니다.
☞ 손이 미치지 않는 것을 달라고 할 때에 쓰이는 표현입니다. 남의 앞에 놓여 있는 것을 아무 말도 없이 손을 뻗쳐서 갖는 것은 아주 큰 실례가 됩니다.

162. Darf ich nachschenken?
달프 이히 나-하솅켄
더 드시지 않겠습니까?
☞ 음료수의 경우입니다. 먹는 것의 경우에는 Möchten Sie noch etwas? [뫼히텐·지-놋호·에트바스]라고 합니다.

163. Das Essen ist sehr gut.
다스 엣쎈 이스트 제아 구-트
이 요리는 아주 좋습니다.

164. Sie sind ein guter Koch.
지- 진트 아인 구-타 콧호

당신은 요리를 잘 하십니다.

165. Schmeckt es Ihnen?
슈멕크트 에즈 이-넨

맛이 있습니까?

166. Ja, ausgezeichnet.
야- 아우스게짜이히넷트

네, 아주 맛있습니다.

167. Darf ich Ihnen abwaschen helfen?
달프 이히 이-넨 아프밧센 헬펜

식기 씻는 일을 도와드릴까요?

168. Ich muβ leider langsam gehen.
이히 무스 라이다- 랑그잠- 게-엔

천천히 돌아가야 하겠습니다.

169. Darf ich mich verabschieden?
달프 이히 밋히 페어아프쉬-덴

떠나도 좋겠습니까?

170. Müssen Sie schon gehen?
뮛센 지- 죠-온 게-엔

벌써 돌아가셔야 합니까?

4. 소개·초대의 관용적 표현

171. Schade, daβ Sie schon gehen.
샤-데   다스 지- 쇼-은 게-엔
벌써 가시다니 섭섭합니다.

172. Vielen Dank für die nette Party.
피-렌 당크 퓌-어디- 넷테 파-티-
즐거운 파티, 참으로 감사합니다.

173. Danke für den schönen Abend !
단케 퓨어 댄 쇠-넨   아-벤트
유쾌한 밤에 감사 드립니다.

174. Es war sehr nett.
애스 바-르 제아   넷트
참으로 즐거웠다.

175. Es war schön, Sie kennengelernt
애스 바-르 쇠-은   지- 켄넨게레르트
zu haben.
쭈- 하벤
서로 알게 되어서 잘 했습니다.

176. Kommen Sie gut nach Hause.
콤멘   지- 구-트나-하 하우제
조심해서 가십시오.

☞ 집으로 돌아갈 때는 gehen[게-엔]이 아니라 kommen[콤멘]을 씁니다.

177. Ich wünsche Ihnen alles Gute und eine gute Heimkehr.
이히 뷘쉐 이-넨 알레스 구-테 운트 아이네 구-테 하임케-아

행복과 무사히 귀국하시길 비옵니다.

178. Wir vermissen Sie bestimmt.
비어 페어미쎈 지- 베슈팀트

우리는 쓸쓸하게 될 것입니다. 반드시.

179. Grüßen Sie bitte Ihre Kinder !
그뤼쎈 지- 빗테 이-레 킨더-

아이들에게 안부 전해주십시오.

5. 약속·권유의 관용적 표현

180. Wollen wir einen Spaziergang machen?
볼렌   비-어아이넨   슈파시-르강그   맛헨
산책할까요?
☞ 독일 사람이 산책을 좋아하는 것은 세계적으로 유명합니다.

181. Ja, wo wollen wir hin?
야- 보- 볼렌   비-어힌
네, 어디로 갈까요?

182. Gehen wir in den Park oder machen
게-엔   비-어인 덴   파르크   오-다-맛헨
wir einen Schaufensterbummel?
비-어 애넨   샤우펜스타-붐멜
공원이나, 그렇지 않으면 진열장 구경이나 하시겠습니까?

183. Lieber einen Stadtbummel.
리-바-   아이넨   슈탓트붐멜
차라리 시내를 슬슬 돌아다닙시다.

184. Wollen wir ins Kino gehen?
볼렌   비-어인스 키-노 게엔

영화구경을 갈까요 ?

185. Welchen Film gibt es ?
벨헨　　　피름　기-프트에스

지금 무엇을 상영하고 있지요 ?

186. Den habe ich schon gesehen.
덴　　하-베　이히　쇼-은　　게제-엔

그 영화라면 이미 보았습니다.

187. Gehen wir ins Theater !
게-엔　비어　인스　테이-타-

연극구경을 갑시다.

188. Was spielt man heute im Theater ?
바스　슈피-르트만　호이테　임　테아-타-

오늘의 연극은 무엇인가요 ?

189. "Nathan der Weise" von Lessing.
나탄　　데아　바이제　폰　렛싱그

렛싱의「현자 나탄」입니다.
☞ 렛싱(1729~81)은 독일의 계몽주의의 극작가 입니다.

190. Gibt es noch Karten für heute ?
기-프트 에스 놋호　카르텐　피-어 호이테

아직도 오늘 입장권은 있습니까 ?

5. 약속·권유의 관용적 표현   47

191. Nein, es ist ausverkauft.
아니오, 전부 팔렸습니다.

192. Gibt es noch Karten für morgen?
내일 입장권은 아직도 있습니까?

193. Ja, im Parkett und im zweiten Rang.
네. 1층과 3층 것이 있습니다.

194. Ich möchte einen guten Platz.
좋은 좌석을 바랍니다.

195. Wo treffen wir uns?
어디서 만날까요?

196. Um sechs Uhr am Bahnhof.
6시에 역에서.

197. Schön, das ist eine gute Idee.
아아, 그것은 좋은 생각입니다.

약속 · 권유

198. Ich möchte Sie gern wieder sehen.
이히 뫼히테   지- 게른 비-다- 제-엔
다시 만나고 싶습니다.

199. Wann paβt es Ihnen?
반   파스트 에스 이-넨
언제가 좋을까요?

200. Vielleicht am Sonntag?
피-타이히트 암   존타-크
일요일은 어떻습니까?

201. Tut mir leid, ich kann nicht.
투-트 미-어 라이트 이히 칸   니히트
유감스럽게도 저는 안됩니다.

202. Warum nicht?
바룸   니히트
왜 안되는지요?

203. Ich habe eine Verabredung.
잇히 하-베 아이네 페이아프레둥그
선약이 있습니다.

204. Das ist schade.
아스 이스트 샤-데
그것은 섭섭합니다.

5. 약속·권유의 관용적 표현

205. Paßt es am Sonnabend?
파스트 에스 암 존아-벤트
토요일은 어떨까요?

206. Gewiß, mit Vergnügen.
게빗스 밋트 페아그뉴-겐
좋습니다. 기꺼이.

207. Ich habe karten für die Oper.
이히 하베 카르텐 피-어디- 오페-르
오페라 입장권이 있습니까?

208. Parkett, zehnte Reihe.
파르켓트 세-은테 라이헤
1층, 열번째 줄입니다.

209. Wunderbar.
분다-바-르
잘되었습니다.

210. Darf ich Sie nach hause bringen?
다르프 이히 지- 나-하 하우제 부링겐
집까지 바래다 드릴까요?

211. Sind Sie vorgestern gut nach Hause gekommen?
진트 지- 포아게스테른 구-트나-하 라우제
게콤멘

그제는 무사히 귀가 하셨습니까?

212. Ja, ich hatte einen Kater.
  야- 이히 핫테 아이넨 카-타-

네, 하지만 숙취였습니다.

독일어의 수(1)

0	null 눌		
1	eins 아인스	8	acht 아하트
2	zwei 쯔바이	9	neun 노인
3	drei 드라이	10	zehn 쩨-븐
4	vier 피-아	11	elf 엘프
5	fünf 퓐프	12	zwölf 쯔뵐프
6	sechs 젝스	13	dreizehn 드라이쩨-은
7	sieben 지-벤	14	vierzehn 피아쩨-은

약속 · 권유

15	fünfzehn 퓐프쎄-은	18	achtzehn 아하쎄-은
16	sechzehn 제히쎄-은	19	neunzehn 노인쎄-은
17	siebzehn 지-프쎄-은	20	zwanzig 쓰반씻히

21	einundzwanzig 아인운트쓰반씻히
22	zweiundzwanzig 쓰바이운트쓰반씻히
23	dreiundzwanzig 드라이운트쓰반씻히
24	vierundzwanzig 피아운트쓰반씻히
25	fünfundzwanzig 퓐프운트쓰반씻히
26	sechsundzwanzig 젝스운트쓰반씻히
27	siebenundzwanzig 지-벤운트쓰반씻히
28	achtundzwanzig 아하트운트쓰반씻히
29	neunundzwanzig 노인운트쓰반씻히

	30	dreiβig 드라이싯히		
	31	einunddreiβig 아인운트드라이싯히		
	32	zweiunddreiβig 쯔바이운트드라이싯히		

....

40	vierzig 피아씻히		70	siebzig 지-프씻히
50	fünfzig 퓐프씻히		80	achtzig 아하-씻히
60	sechzig 제히씻히		90	neunzig 오인씻히

100 [ein] hundert
아인 훈데르트

101 hunderteins
훈데르트아인스

365 dreihundertfünfundsechzig
드라이훈테르트퀸프운트세히씻히

1 000 [ein] tausend
아인 타우젠트

10 000 zehntausend
쩬타우젠트

100 000 hunderttausend
훈데르트타우젠트

1 000 000	eine Million 아이네 비리온-은
1989	tausendneunhundertneunun- 타우젠트노인훈데르트소인운트아하씻히 dachtzig
1989年	neunzehnhundertneunundach- 노인쩨-은훈데르트노인운트아하씻히 tzig

6. 쇼핑의 관용적 표현

213. Womit kann ich dienen?
보-밋트 칸 이히 디-렌

어서 오십시오.

☞ Was kann ich für Sie tun? [바스·칸·잇히·피-어·지-·투-은]도 같습니다. [어서 오십시오]의 표현에는, 이 밖에 Bitte schön? [빗테·쇠-은], Was wünschen Sie bitte? [바스·뷘셴·지-·빗테], Was möchten Sie bitte? [바스·뫼히텐·지-·빗테], Was dart es sein? [바스·달프·에스·지인] 등이 있으나, 이것들은 원래「무엇을 원하십니까?」라는 뜻입니다.

214. Ich möchte Briefumschläge.
이히 뫼히테 부리프움슈레-게

봉투를 주세요.

215. Haben Sie Ansichtskarten?
하벤 지- 안지히쓰르텐

그림 엽서가 있습니까?

216. Was möchten Sie bitte?
바스 뫼히텐 지- 빗테

무엇을 원하십니까?

217. Ich möcht einen Liter Milch bitte.
이히 뫼히테 아이넌 릿타- 미루히 빗테
우유 1리터 주십시오.

218. Ich möchte ein halbes Pfund Butter.
이히 뫼히테 아인 할페스 프훈트 분타-
버터를 반파운드(250g) 주십시오.

219. Ich möchte ein Kilo Äpfel.
이히 뫼히테 아인 키로 에푸헬
사과 1킬로를 주십시오.

220. Ich möchte sechs Brötchen.
이히 뫼히테 젝스 브뢰-트헨
작은 빵 6개를 주십시오.

221. Haben Sie sonst noch Wünsche?
하-벤 지- 존스트 놋호 뷘세
그밖에 어떤 것을 바라십니까?
☞ 간단하게 Sont noch etwas? [존스트·놋호·에트바스]도 같은 뜻입니다.

222. Ich brauche noch ein Bauernbrot.
이히 브라우헤 놋호 아인 바우에르부로-트

그밖에 바우에른 부로트를 주십시오.

223. Auβerdem noch etwas?
아우사-템   놋호   에트바스

그밖에 무엇을 구하십니까?

224. Nein danke, das ist alles.
나인   단케   다스 이스트 아레스

아니오. 이것이 전부입니다.

225. Zahlen Sie bitte an der Kasse.
싸렌   지-   빗   안   데어   킷세

계산하는 곳에서 계산해 주십시오.

226. Wo finde ich Kinderkleidung?
보-   핀데   이히   킨다-크라이둥그

아동복 매장은 어디 입니까?

227. Im Tiefparterre.
임   티-프파르테레

지하층입니다.

228. Zeigen Sie mir bitte diesen Ring.
싸이겐   지-   미어   빗테   디-젠   링그

이 반지를 보여 주십시오.

229. Ich möchte diesen Rock anprobieren.
잇히 뫼히테 디-젠 록크 안프로비-렌

이 스커트를 입어보고 싶은데요

230. Hier ist die Umkleidekabine.
히-어 이스트 디- 움크라이데카비-네

여기에 탈의실이 있습니다.

231. Der Rock ist zu groβ.
데어 록크 이스트 쭈-그로-스

이 스커트는 너무 큽니다.

232. Wie gefällt Ihnen dieser Mantel?
비- 게페르트 이-넨 디-자- 만텔

이 코트는 마음에 듭니까?

233. Sehr gut, aber etwas lang.
제어 구-트 아-버 에트바스 랑그

아주 좋지만, 약간 깁니다.

234. Die Bluse ist zu eng.
디- 브루제 이스트 쭈-엥그

이 브라우스는 너무 조입니다.

235. Die Hose ist zu kurz.
디- 호-제 이스트 쭈-쿠르쓰

이 바지는 너무 짧습니다.

236. Die Jacke sitzt genau richtig.
디- 약케 지쯔트 게나우 리히티히

이 쟈킷은 딱 맞습니다.

237. Was kostet das?
바스 코스테트 다스

얼마입니까?

☞ 값을 묻는 표현에는 이밖에 Was macht das? [바스·마하트·다스], Wie teuer ist das? [비-·토이아-·이스트·다스], Wieviel macht das? [비-·피-르·마하르·다스] 등이 있습니다.

238. Das ist mir zu teuer.
다스 이스트 미어 쭈- 토이아-

나에게는 너무 비싸다.

239. Das gefällt mir, das nehme ich.
다스 게펠르트 미어 다스 네-메 이히

내 마음에 드니, 이것을 갖겠소.

240. Haben Sie den Pullover in einer anderen Farbe?
하-벤 지- 덴 풀오-바- 인 이나- 인데렌 파르베

이 쉐타, 다른 색깔도 있습니까?

6. 쇼핑의 관용적 표현

241. Welche Größe brauchen Sie?
웰헤 그로-세 브라우헨 지-
칫수는 얼마입니까?

242. Ich trage achtund dreißig.
이히 트라-게 아하트운트 드라이싯히
38입니다.

243. Haben sie den Schuh in Größe siebenunddreißig?
하-벤 지- 덴 슈- 인 그로-세 지-벤운트드라이싯히
칫수가 37인 구두가 있습니까?

244. Kann ich das umtauschen?
칸 잇히 다스 움타우셴
이것은 바꾸어 줍니까?

245. Ja, aber nur mit der Quittung.
야- 아-바-수이 밋트 데어 쿠빗퉁그
네, 하지만 영수증이 필요합니다.

246. Das ist herabgesetzte Ware.
다스 이스트 헤아프게젯쓰테 바-레
이것은 할인품입니다.

247. Die kann man nicht umtauschen.
디 칸 만 니히트 움타우셴
할인품은 교한할 수 없습니다.

248. Im Sommerschluβverkauf ist alles sehr billig.
임 존마-슈루스페아카우프 이스트 알래스 재아 비릿히
여름용 대 매출은 모두 아주 쌉니다.

249. Der Winterschluβverkauf ist im Januar.
데어 빈타-슈루스페아카우프 이스트 임 야누아-르
겨울용 대 매출은 1월 입니다.

250. Ich möchte diesen Photoapparat reklamieren.
이히 뫼히테 디-젠 포토아파라-트 레크라 미-렌
이 카메라에 문제가 있습니다.

251. Das Blitzlicht funktioniert nicht.
다스 부릿쓰리히트 훈크씨오니-르트 니히트
후랫쉬가 작동하지 않습니다.

252. Hier ist der Garantieschein.
하머 이스트 데어 가란티-샤인

이것이 보증서입니다.

253. Ich muβ den Apparat einschicken,
이히 무스 덴 아파라-트 아인싴켄
es dauert etwas.
애스 다우에르트

카메라를 보내야하기 때문에 약간 시간이 걸립니다.

254. Was kosten die Nelken?
바스 코스텐 디- 네르켄

카네이션, 얼마입니까?

☞ 한 송이 값을 물을 때는, Was kostet eine Nelke? [바스·코스텟트·아이네·네르케]로 됩니다.

255. Die weiβen, das Stück eine Mark
디- 바이쎈 다스 슈툭크 아이네 마르크
fünfzig.
푼프씻히

흰 것은 한송이에 1마르크 50입니다.

256. Dir roten, eine Mark.
디- 로-텐 아이네 마르크

붉은 것은 1마르크 입니다.

257. Ich nehme die roten bitte.
이히 네-메 디- 로-텐 빗테

붉은것을 주십시오.

258. Wie viele möchten Sie?
비- 피-레 뫼히텐 지-

몇 송이를 원하십니까?

259. Sieben Stück, bitte.
지-벤 슈크 빗테

7송이를 부탁합니다.

☞ 꽃다발은 홀수가 원칙입니다. 7개 이상이면, 짝수도 무방합니다.

260. Das macht sieben Mark.
다스 마하트 지-벤 마르크

7마르크 올시다.

261. Ich möchte gelbe Tulpen und blaue Freesien, bitte.
이히 뫼히테 겔페 투르펜 운트 부라우에 프레-지엔 빗테

노랑색 튜립과 푸른색 리지아를 주십시오.

262. Eine groβo rosa Azalee, bitte.
아이네 그로-세 로-자-아씨레- 빗테

큰 핑크색 진달래 한 송이를 부탁합니다.

263. Machen Sie mir bitte einen bunten
맛헨 지- 미어 빗테 아이네 분텐

Strauβ für fünfzehn Mark.
슈트라우스 퓌어 퓬프쩨-은 마르크

15마르크 정도의 꽃다발을 만들어 주십시오.

264. **Soll er in Folie oder Papier?**
졸 에아 인 포리에 오-다 파피-어

셀로판으로 쌀까요, 그렇지 않으면 종이로 할까요?

265. **In Folie bitte.**
인 포리에 빗테

셀로판으로 해주십시오.

266. **Kann ich hier Blumen durch Fleurop**
칸 이히 히-어 부루-멘 두루히 프로이로-프
schicken lassen?
쉭켄 랏센

댁에서는 「후레롯프」 꽃을 보내줄 수 있습니까?

☞ 「후레롯프」는 꽃을 집으로 배달해주는 조직입니다.

267. **ja, schreiben Sie hier die Adresse.**
야- 슈라이벤 지- 히-어 디- 아드렛제

네, 여기에 주소를 써주십시오.

268. **Wann soll der Strauβ ankommen?**
반 졸 데어 슈트라우스 안콤멘

이 꽃다발은 언제 도착합니까?

269. Am Montag vormittag.
암   모-은타-크 포아밋타-크

월요일 오전중 입니다.

270. Wollen Sie eine Begleitkarte schreiben?
불렌   지- 아이네 베그라이트 칼테
슈라이벤

추신(追伸)을 쓰시렵니까?

271. Nein, das ist nicht nötig.
나인   다스 이스트 니히트 뇌-틱히

아니오. 필요없습니다.

그램과 파운드

독일에서도 도량형(度量衡)의 단위는 한국과 같은 미터법이지만, 옛 단위의 Pfund[푸훈트 : 파운드]만은 습관이 되어 지금도 많이 쓰여집니다. 독일의 1파운드는 500g입니다. 또 Kilo는 Kilogramm을 뜻합니다. Kilometer은 생략하지 않고 킬로 미터라고 합니다. 단지 킬로라고 하면 Kilogramm쪽을 가리키는 것입니다.

독일인과 빵

그런데 독일의 Brot(빵)의 종류가 많은 점은 참으로 놀랄만 합니다. 아마도 그 풍부함과 맛은 세계 제 1일 것입니다. 특히 검은빵(거므스레한 느낌의 빵의 총칭)은 유명합니다. Brötchen는 파삭파삭하는 둥글고 작은 빵이며, 주로 아침 식사용입니다. Semmel라고도 합니다.

아침 7시가 되면 빵집 앞에는 방금 구운 Brötchen을 사기 위해서 모여든 사람들로 아주 붐빕니다. 다만 맛에 대한 각자의 기호는 다양합니다. 독일은 빵의 왕국이라고 해도 과언은 아닐 것입니다.

치수의 비교—한국과 독일의 차이

독일에서 구두와 양복을 사는 경우, 치수 표지가 한국과 다르므로 참고로 간단한 비교 일람표를 게재해 두기로 합니다.

쉐 터 브라우스 양　　복	한 국	7	9	11	13	15	
	독 일	34	36	38	40	42	
여성용 구　　두	한 국	22	22.5	23	23.5	24	24.5
	독 일	34	35(4)	36	37(5)	38(5)	38~39

한국 여성은 독일 여성에 비해서 체격이 작기 때문에, 구두 등은 자연히 작은 것을 찾을 필요가 있으나 22이하의 칫수의 것은 찾는데 큰 애를 먹게 됩니다. 그 반대 역시 같으며 독일인의 보통 사이즈는 24이상이므로, 한국에서 구두를 살 때에 고생을 합니다. (　　)안의 숫자는 최근에 병용하게된 것입니다.

남성용	양복	한 국	S		M		L		구두	26	27
		독 일	44	46	48	50	52	54		42	44

구두 사이즈의 표지는 여성과 같습니다. 단 메이커에 따라서 크기에 미묘한 차이가 있으므로 실지로 신어보고 사야 합니다. 셔츠는 목둘레의 〔cm〕로 표지합니다. 40인 사람은 40의 것을 사면 되지만 아무래도 소매만큼은 한국것보다는 약간 길게 만들어져 있습니다.

음식점

7. 음식점에서의 관용적 표현

272. **Guten Abend, haben Sie einen Tisch frei?**
 구-텐 아-벤트 하-벤 지- 아이넨 티슈 프라이

 안녕하세요. 식탁이 비어 있습니다.
 ☞ 백화점의 식당이나, 마그도 나르드 등에서는 비어있는 자리를 자기 자신이 찾아서 앉아야 합니다.

273. **Für wieviele Personen?**
 뛰어 비-피-레 페르조-넨

 몇분 이십니까?

275. **Guten Tag, haben Sie einen Tisch für zwei?**
 구-텐 타-크 하-벤 지- 아이넨 팃슈 뛰어 쓰바이

 안녕하세요. 두 자리 식탁이 비어 있습니다.

276. **ja, dort in der Ecke.**
 야- 오르트 인 데어 엑케

 네, 저기 모퉁이에 있습니다.

277. Setzen wir uns!
젯쩬 비어 운스
앉읍시다.

278. Herr Ober, die Speisekarte bitte.
해어 오-바- 디- 슈바이제칼테 빗테
급사, 메뉴를 부탁해요.

279. Fräulein, die Speisekarte bitte.
프로이라인 디- 슈파이제칼테 빗테
아가씨, 메뉴를 부탁해요.
☞ 급사가 남성인 경우에는 Herr Ober[헤아・오 -바-], 여성인 경우에는 Fräulein[프로이라 인]으로 부릅니다.

280. Ich komme sofort.
잇히 콤메 조폴르트
곧장 오겠습니다.

281. Was können Sie empfehlen?
바스 왼넨 지- 엠프페-렌
추천하는 것은 무엇이지요?

282. Was ist die Spezialität des Hauses?
바스 이스트 디-슈페씨아리스토 데스 하우제스
여기의 특제 요리는 무엇이요.

음식점

283. Ganz besonders zu empfehlen ist das Gulasch.
간쯔 베존디스 쭈- 엠프페-렌 이스트 다스
구-라슈

특별히 추천하는 요리는 구라슈입니다.

☞ 구라슈(시츄-)는 원래 헝가리 요리입니다. 그러나 지금은 완전히 독일요리로 정착하고 있습니다.

284. Möchten Sie bestellen?
뫼히텐 지- 베슈테렌

주문을 받겠습니다.

285. Wir möchten das Gulasch und Rouladen.
비어 뫼히텐 다스 구-라슈 운트
루-라-덴

구라슈와 작게만 고기를 부탁해요.

286. Was trinken die Herrschaften zum Essen?
바스 트린켄 디- 헤어샤프텐 쭘
엣센

여러분, 식사에는 무엇을 마시겠습니까?

287. Einen trockenen Wein bitte.
아이넨 트록케넨 바인 빗테

쌉쌀한 포도주를 부탁해요.

7. 음식점에서의 관용적 표현   71

288. So bitte sehr. Guten Appetit !
조- 빗테 재아   구-텐 아페티-토
기다리셨습니다. 많이 드십시오.

289. Sehr zum Wohl !
제아 쭘-   보-르
건강을 축하하여 !

290. Wohlsein !
보-르자인
건배 !

291. Prosit !
프로-지트
프로-짓트 !
☞ 원래 라틴어이며, 「도움이 되도록」의 뜻.

292. Prost !
프로스트
프로-스트 !
☞ 프로-짓드의 스스럼없는 표현이며, 뜻은 같습니다. 이밖에 Zum woh ! [쑤-음·보-르]를 첨가해서, 289, 290, 291, 292는 모든 건배할 때 크게 소리내서 말합니다.

293. Der Wein ist aber gut.
데어 바인   이스트 아-바구-트

음식점

이 포도주는 참으로 맛이 있다.
☞ 이 경우의 aber[아-바-]는 「그러나」가 아니라, 「참으로」의 뜻입니다. 강조의 aber.

294. Herr Ober, die Rechnung bitte.
헤어 오-바- 디- 레히눙그 빗테
급사, 계산을 부탁해요.

295. Ich möchte zahlen.
이히 뫼히테 짜-렌
계산을 해주십시오.

296. Zahlen bitte !
짜-렌 빗테
계산은 얼마지요.
☞ Zahlen Sie bitte ! [짜-렌·지-빗테](당신은 지불해 주십시오)도 잘못 말해서는 안됩니다.

297. Hat es geschmeckt ?
핫트 애스 게슈메크트
맛이 있었습니까 ?

298. Danke, es war ausgezeichnet.
단테 애스 발- 아우스게짜이히넷트
응, 아주 맛이 있었어.

299. Das ist für Sie.
다스 이스트 퓌어 지-

이건 적지만.

300. Der Rest ist für Sie.
데어 레스트 이스트 퓌어 지-

나머지를 가져요.

301. Stimmt so.
슈팀트 조-

거스름돈은 좋아요.

☞ 299, 300, 301은 모두 팁을 줄 때의 표현입니다.

302. Danke sehr.
단케 재아

대단히 감사합니다.

303. Darf ich dich zum koreanischen Essen
달프 이히 디히 쑴- 코리아-닛쎈 엣쎈

ins KALBI einladen?
인스 갈비 아인라-덴

한식을 한턱 내지 「갈비」집으로 가자.

304. Das ist aber nett von dir.
다스 이스트 아-바-넷트 폰 디-어

그거 반가운걸.

☞ 친한사이(한사람)의 경우입니다. 경칭은 nett von lhnen[넷트·폰·이-렌]으로 됩니다.

305. Was darf ich bringen?
바스 달프 이히 부린겐

무엇을 드시렵니까?

306. Baekban und kalbi bitte.
운트 빗데

백반에 갈비.

307. Was möchten Sie trinken?
바스 뫼히텐 지- 트린켄

마시는 것은 무엇을 드시렵니까?

308. Soju, Bier, Apfelsaft oder
비-어 아프펠자프트 오-다

Mineralwasser?
미네라르밧사-

소주, 맥주, 사과쥬스 그렇지 않으면 물을 드시렵니까?

309. Bier bitte.
비-어 빗테

맥주를 주세요.

310. Guten Appetit!
구-텐 아페티-트

그럼 듭시다.(=잘 먹겠습니다).

311. Gleichfalls !
그라이팔스

들겠습니다.

☞ 310. 은 식사할 때의 관용적 표현입니다. 다음에 말하는 사람은 이것을 반복해도 좋으나, 별도로 311. (마찬가지로의 뜻)을 쓸수도 있습니다.

312. Probier mal, das schmeckt gut.
프로비-어 말   다스 슈메르트   구-트

시식해 보세요. 이것은 맛이 좋아요.

313. Ja, das ist gut.
야- 다스 이스트 구-트

응. 맛있는데.

314. Die Rechnung bitte !
디- 레히눙그   빗테

계산을 부탁해요.

315. Zusammen oder getrennt ?
쭈잠멘   오-다 게트렌트

계산은 함께 하시렵니까? 각자 부담입니까?

316. Alles zusammen bitte.
아레스 쭈쌈맨   빗테

76 독일어 회화

전부 함께 해주세요.

317. Laβt uns in die Konditorei gehen !
라스트 운스 인 디- 콘디토라이   게-엔

다방(과자집)으로 갑시다.

318. Ich möchte bitte ein Stück Kirschtorte
이히 뫼히테 빗테 아인 슈 크 킬슈토르테

mit Sahne.
밋트 자-네

버찌과자에 크림을 바른것 하나를 부탁해요.

319. Ich möchte bitte Kaffee.
이히 뫼히테   빗테   카페

커피를 주세요.

320. Kännchen oder Tasse ?
켄헨   오-다 탓세

포트로 할까요, 아니면 컵으로 할까요.

321. Ein Kännchen bitte.
아인 켄헨   빗테

포트를 부탁해요.

☞ Kännchen[켄헨](포트)는 대개 컵의 2잔 분입니다.

322. Für mich einen Pharisäer.
퓌어 밋히 아이넨 파리제-아

7. 음식점에서의 관용적 표현 77

나는 파리제아를 주세요.
☞ 파리제-아(파리사이인)은 코냑을 약간 넣은 커피를 말합니다.

음 식 점

8. 가정생활의 관용적 표현

323. Ich zeige Ihnen die Wohnung.
이히 싸이게 이-넨 디- 보-눙그
집안을 보여드리겠습니다.

324. Hier links im Flur ist die Garderobe.
히-어 링크스 임 후루-어 이스뜨 갈데로-베
들어가서 왼쪽의 이것이 양복·모자거리입니다.

325. Diese Tür rechts geht in die Küche.
디-제 튜-어 레히쓰 게-트 인 디-큐-헤
이 오른쪽 문을 열면 부엌입니다.

326. Der Herd ist elektrisch.
데어 헬트 이스트 에레크트릿슈
렌지는 전기 올시다.

☞ 한국에서는 가스렌지가 보통이지만, 독일은 전자렌지가 주입니다. 전자렌지는 Mikrowellengerät [이크로 버렌·게레-트]라고 합니다.

327. Die. Heizplatte wird nur langsam heiβ,
디- 하이쓰프랏테 빌트 누어 랑그쟈-므 하이스

aber kühlt nach dem Abschalten auch
아-바 쿼-르트 나-하 뎀   아프샬텐   아우흐
nur langsam ab.
누-어 랑그잠-   앞프

가열판은 가열에 시간이 걸리지만, 끓은 다음에는 천천히 식습니다.

328. **Der Backofen hat auch einen Grill.**
데어 박오-펜 핫트 아우흐 아이넨 그릴

오븐에는 석쇠가 붙어 있습니다.

329. **Die Töpfe und die Bratpfanne stehen**
디- 퇴프페 운트 디- 브라-트프판네 슈테-엔
hier unten im Schrank.
히-어 운텐   임 슈랑크

냄비와 프라이팬은 아래의 찬장안에 있습니다.

330. **Die Bestecke sind in der Schublade.**
디- 베슈테케   진트 인 데어 슈-프라-데

식사도구 한 벌은 서랍안에 있습니다.

331. **Dies ist die Abwäsche und darunter**
디이-스 이스트 디- 아프뵛셰   운트 다-룬타-
die Geschirrspülmaschine.
디- 게-시르슈퓌-르마시-네

이것은 설겆이대이며, 그 밑이 자동으로 접시 씻는 기계가 있습니다.

332. Teller und Tassen finden Sie im Hängeschrank.
데라- 운트 탓센 핀덴 지-임
헹게슈랑크

접시와 컵등은 찬장안에 있습니다.

333. Dies ist der Besenschrank mit dem Staubsauger.
디-스 이스트 데어베-젠슈랑크 밋트 뎀
슈타우프조이가-

이것은 청소도구 넣는곳, 전기 청소기가 들어 있습니다.

334. Die küche ist aber sauber.
디- 퀴-헤 이스트 아-바- 자우바-

부엌이 아주 깨끗합니다.

☞ aber는 강조입니다.

335. Ja, die Küche ist der Stolz der deutschen Hausfrau.
야- 디- 퀴-헤 이스트 데어 슈토르쓰데어
도이첸 하우스프라우

네, 부엌은 독일 주부의 자랑입니다.

336. Die nächste Tür geht ins Bad.
디- 네헤스테 튜-어 게-트 인스 바-트

다음 문은 욕실입니다.

8. 가정생활의 관용적 표현 81

337. In Deutschland ist die Toilette oft im Badezimmer.
인 도이츠랑트 이스트 디- 토이렛테 오프트
임 바-데템마-

독일에서는 화장실은 대개 욕실안에 있습니다.

338. Dieses Badezimmer ist sehr klein.
디-제스 바-데씸마 이스트 제아 크라인

이 욕실은 아주 작다.

339. Die Waschmaschine ist vollautomatisch.
디- 밧슈마시-네 이스트 폴아우토마-팃슈

세탁기는 전(全)자동입니다.
☞ 독일의 세탁기는 회전 드럼식입니다.

독일 화장실의 내부

340. Man wäscht nur mit warmem Wasser.
만 베슈트 누어 밋트 바르멤 밧사-

세탁은 더운물로만 합니다.

☞ 물로 씻지 않고 더운물로 씻는것은, 독일은 물이 경수인점과 위생상의 이유입니다. 독일사람이 한국에 와서 기저귀나 팬티를 물로씻는 것을 보고서 깜짝 놀라기도 합니다.

341. Es gibt Kochwäsche (95℃),
에스 기-프트 콧호벳세

Buntwäsche, Feinwäsche (30℃)
분트벳세 파인벳세

und einen Schonwaschgang für Wolle.
운트 아이넨 쇼-은밧슈강그 퓌어 볼레

열탕 세탁, 옷 세탁, 비단·화학섬유 세탁, 그리고 털을 위한 특수 세탁이 있습니다.

342. Buntwäsche wäscht man nur mit
분트벳세 벳슈트 만 누어 밋트

40℃.
피어쩟히그라트세

옷은 40도로 씻습니다.

343. Ein Vollwaschmittel ist sehr praktisch
아인 폴밧슈밋텔 이스트 재-아 프라크팃슈

für jede Temperatur.
퓌어 예-데 템파라투-어

전 온도세제는 어느 온도에도 알맞아서 아주

편리합니다.

344. **Das Wasser in Deutschland ist hart.**
다스 밧사   인 도이치탈트   이스트 할트
독일 물은 경수입니다.

345. **Deshalb gibt man einen Weichspüler in**
데스할프 기-프트 만 아이넨 바이히슈퓌라-   인
das letzte Spülwasser.
다스 레쓰테 슈퓔밧사-
그러므로 최후에 행굴때에 소프터를 넣습니다.
☞ Das Wasser in Korea ist weich. [다스·밧사-·인·코리아·이스르·바이히](한국의 물은 연수이다).

346. **In Etagenhäusern gibt es oft eine**
인 에타-젠호이제른   기-프트 애스 오프트 아이낸
Waschküche und einen Trockenkeller.
밧슈퀴-헤   운트 아이넨 트롯켄케라-
집단 주택에는 흔히 세탁실과 건조실이 있습니다.

347. **Es ist oft verboten, die Wäsche auf**
애스 이스트 오프트 페아보-텐 디 뵛세   아우프
dem Balkon zu trocknen.
댐   발콘   쓰 트록크넨

발코니에서 빨래를 말리는 것은 대게 금지 되어 있습니다.
☞ 이것은 미관을 갖추기 위해서 입니다.

348. Der Wäschetrockner ist über der Waschmaschine.
데어 벳세트록크나- 이스트 위-바- 데어
밧슈마시-네

건조기는 세탁기의 위에 붙어 있습니다.

349. Hier ist die Bedienungsanleitung.
히-어 이스트 디- 베다눙그스안라이퉁그스안라이퉁그

이것이 취급설명서 입니다.

350. Die Spannung in Deutschland ist zweihundertzwanzig Volt.
디- 슈판눙그 인 도이취란트 이스트
쓰바이훈다르트쓰반씻히 볼트

독일의 전압은 220볼트입니다.

351. Ohne Transformator kann man koreanische Geräte nicht benutzen.
오-네 트란스포르마-토아 칸 만
코리아-닛세 게테 니히트 베-쎈

전압기 없이는 한국의 전기 기구는 사용할 수 없습니다.

8. 가정생활의 관용적 표현

352. Hier ist das Wohnzimmer.
히-어 이스트 다스 보-은찜마-
이것이 거실입니다.

353. Die Tür rechts geht auf den Balkon.
디- 튜-어 레히쓰 게-트 아우프 댄 발콘
오른쪽 문은 발코니로 통합니다.

354. Hier ist auch der Thermostat für die Zentralheizung.
히-어 이스트 아우후데어 테트모슈타-트 퓌어 디-
쎈트랄 하이쭝그
여기에는 중앙난방용의 사모탓트도 있습니다.

355. Dieses Sofa kann man ausziehen und als Gästebett benutzen.
디-재스 조-파 칸 만 아우스씨-엔 운트
알스 게스트벳트 베쎈
이 소파는 끄집어내서 손님용 침대로 쓸 수도 있습니다.

☞ 독일에는 텔레비전 따위는 보지 않는다는 사람들이 있습니다.

356. Diese Wohnung hat keinen Fernseher.
디-제 보-눙그 핫트 가이넨 패른제-아-
이 주택에는 텔레비전이 없습니다.

357. Wenn Sie einen Fernsehapparat besitzen, müssen Sie Fernsehgebühren zahlen.

텔레비전이 있는 경우에는 수신료를 지불해야 합니다.

358. Das Schlafzimmer geht nach Osten.

침실은 동향입니다.

359. Der Kleiderschrank ist nicht groβ, aber das Doppelbett hat eine sehr gute Matratze.

양복장은 크진 않지만 더블 침대의 매트레스는 아주 좋습니다.

360. Einmal im Monat müssen Sie das Treppenhaus reinigen.

한달에 한번, 공용계단의 청소 당번이 있습니다.

8. 가정생활의 관용적 표현 87

361. Jeder Mieter dieses Hauses beteiligt
에-다- 미-타- 디-재스 하우제스 베타이리크트
sich daran.
짓히 다안

거주자는 전원이 당번을 담당합니다.
☞ 아파트등의 집단 주택에서는 제설 당번도 있습니다.

362. Einmal im jahr kommt auch der
아인말- 임 야-르 콤트 아우후 데어
Schornsteinfeger und kontrolliert die
쇼른슈타인 페-가- 운트 콘트로리-르트 디-
Schornsteine und die Heizungen.
쇼른슈타이네 운트 디- 하이쑹겐

1년에 한번 굴뚝 청소부가 와서 굴뚝과 난방기구의 검사를 합니다.

독일의 슈퍼마켓트의 내부

9. 교통기관의 관용적 표현

I. 열차의 관용적 표현

363. Einmal einfach nach Bremen bitte.
아인마- 아인팟하 나-하 부레-멘 빗테
부레멘까지, 편도, 한장 부탁합니다.

364. Einmal zweiter Klasse nach Soltau
아인말- 쓰바이타- 크랏세 나-하 조르타우
bitte.
빗테
조르타우까지, 2등 한장.

365. Zweimal erster Klasse nach Lübeck,
쓰바이마-르 에아스타-크랏세 나-하 류벡크
hin und zurück.
힌 운트 쓰-룩크
룻베크까지 1등, 왕복 두장.
☞ 1등차는 그린차, 2등차가 보통차에 해당합니다.

366. Ein kind, zwei Erwachsene.
아인 킨트 쓰바이 에아박-세네
아이한장, 어른 두장.

9. 교통기관의 관용적 표현   89

367. Drei Platzkarten für den Intercity nach Mannheim.
드라이 프랕쓰카르텐 퓌어 덴 인타-세티- 나-하
만하임

인터시티의 좌석지정, 만하임까지 석장.

368. Nichtraucher bitte !
니히트라우하- 빗테

금연차(좌석)로 해 주십시오.

369. Großraumwagen oder Abteil ?
그로-스라움바-겐 오-다-아프타일

큰 공간차, 아니면 칸막이차 입니까?

370. Abteil bitte.
아프 벗테

칸막이 쪽을 부탁합니다.
☞ 한 찻간은 대좌해서 3개씩의 여섯 좌석으로 되어 있습니다.

371. Dieses ist ein Schnellzug, Sie brauchen Zuschlagskarten.
디-제스 이스트 아인 슈넬쭈-크 지- 브라우헨
쭈-슈라-크스헨

이것은 급행열차입니다. 급행권이 필요합니다.

372. Zwei Reservierungen bitte, für den
쓰바이 레젤비-룬겐 빗테 퓌어 덴

교통기관

Schlafwagen nach Paris um
슈라-프바겐   나-하 파리스 움
23(dreiundzwanzig) Uhr.
드라이운트쓰반씻히   우-아

23시발의 파리행 침대차, 예약(지정)권 두장 부탁합니다.

373. **Von welchem Gleis fährt der Zug nach Aachen?**
폰 벨헴   그라이스 페-르트 데어 쑤-크 나-하 아-헨

아헨행 열차는 몇번 선에서 출발합니까?

374. **Gleis zehn.**
그라이스 세-은

10번선 입니다.

375. **Ist das der Zug nach Düsseldorf?**
이스트 다스 데어 쑤-크 나-하 뒷셀돌프

이 열차는 뒤셀도르프로 갑니다.

376. **Nein, das ist der Zug nach Trier.**
나인   다스 이스트 데어 쑤-크 나하   트리-아

아니오. 트리아 행입니다.

377. **Nach Düsseldorf vom Gleis fünf.**
나-하 뒷셀돌프   폼   그라이스 퓐프

뒤셀도르프행은 5번선 입니다.

378. Ich möchte nach Kiel, muβ ich umsteigen?
잇히 뫼히테 나-하 키-르 무스 이히
움슈타이겐

키일로 가고 싶은데 바꾸어 타야 합니까?

379. Nein, Sie können durchfahren.
나인 지- 넨 두르히파-렌

아니오. 직행입니다.

380. Ist dieser Platz frei?
이스트 디-자- 프랏쓰 후라이

이 좌석은 비어 있습니까?

381. Nein, er ist reserviert.
나인 애아 이스트 레제바르트

아니오. 예약되어 있습니다.

382. Ihre Fahrkarte bitte!
이-레 파-르칼테 빗테

승차권을 보여주십시오.

383. Sie wollen nach Wiesbaden.
지- 볼렌 나-하 비이스반-덴

비스파덴으로 가시는군요.

384. In Mainz müssen Sie umsteigen.
　　인 마인츠　　센　　지- 움슈타이겐

마인쯔에서 바꾸어 타야합니다.

385. Dort haben Sie Anschluβ um zwölf
　　돌트 하-벤 지- 안슈롯스 움 쓰뷜프
　　Uhrzehn.
　　우-어쎈-

12시 10분에 접속이 있습니다.

386. Ich habe eine Fahrkarte von Hamburg
　　이히 하-베 아이네 팔-칼레폰 폰 함부르크
　　nach München.
　　나-하 뮌헨

함부르크에서 뮌헨까지의 차표가 있습니다.

387. Kann ich die Fahrt unterbrechen?
　　칸　 이히 디- 팔-트 운타부렛헨

도중하차를 할 수 있습니까?

388. Ja, ohne weiteres.
　　야- 오-네 바이테레스

네, 전혀 상관이 없습니다.

389. Achtung, Achtung, der Zug nach Ulm
　　아타풍그 아하퉁그 데어 쭈-크 나-하 우름
　　hat Einfahrt auf Gleis zwei.
　　핫트 아인파-르트 아우프 그라이스 쓰바이

우름행 열차가 2번선으로 들어오옵니다. 주의해 주십시오!

390. **Vorsicht an der Bahnsteigkante!**
포아지히트 안 데어 바-은슈타이크칸테

프랫트홈 가에 주의!

391. **Alles einsteigen, Türen schließen,**
알래스 인슈타이겐 튜-렌 슈라-센

der Zug fährt ab.
데어 쭈-크 펠-트 앗프

승차 바랍니다. 문을 닫습니다. 발차합니다.
☞ 독일의 철도에는 자동문이 없는 것이 적지 않습니다.

392. **Frankfurt Hauptbahnhof, alles**
프랑크푸르트 하우프트바-은호프 알래스

aussteigen, der Zug endet hier.
아우스슈타이겐 데어 쭈-크 엔뎃트 히-어

프랑크푸르트역 종점입니다. 하차 하십시오.
☞ alle aussteigen[알레·아우스·슈타이겐]이라고도 합니다.

II. 전차·지하철·버스의 관용적 표현

393. **Was kostet eine Fahrt zum**
바스 코스텟트 아이네 팔-트 쑴-

Hauptbahnhof?
하우프트바-은호-프

중앙역까지의 승차권은 얼마입니까?

394. Eine Mark zwanzig.
아이네 마르크 쓰반씨히

1마르크 20입니다.

☞ 1마르크 20은 1마르크 20페니히를 뜻합니다.

395. Wenn Sie eine Sammelkarte nehmen,
벤　　　지-　아이네　잠멜카르테　　　네-멘

wird es billiger.
비-르트애스비리가-

회수권을 사면 싸게 됩니다.

396. In Hamburg gibt es eine Tageskarte.
인　함부르크　　기-프트 애스 아이네　타-게스카르테

함부르크에는 1일권이 있습니다.

397. In Köln gibt es am Sonntag eine
인　쾨른　기-프트 애스 임 존타-크　아이네

Familienkarte.
파미-리엔 카르테

쾨른에는 일요일에는 가족권이 있습니다.

398. Am besten fragen Sie beim
암　베스텐　프라-겐　지-　비임

Informationsbüro der Verkehrsbetriebe.
인포르마씨온-스뷰로- 데어 페아케르스베트리-베

상세한 것은 교통기관의 안내소에서 물어 보십시오.

399. **Wie komme ich zum Zoo?**
비- 콤메 이히 쭘- 쪼-

동물원으로는 어떻게 가면 됩니까?

400. **Nehmen Sie den Bus Nr.16**
네-멘 지- 덴 부스

(Nummer sechzehn).
눔마-제히 쎄-은

16번선의 버스를 타십시오.

401. **Die Haltestelle ist dort.**
디-· 할테슈테레 이스트 도르트

정류소는 저기올시다.

402. **Fahrkarten bekommen Sie beim**
파-르카르텐 베콤멘 지- 바임

Fahrer.
파-라-

승차권은 운전기사 한테서 살 수 있습니다.

403. **Beim Aussteigen brauchen Sie die**
바임 마우스슈타이겐 부라우헨 지- 디-

karte nicht zu zeigen.
칼테 니히트 쭈- 짜이겐

내릴때, 승차권은 보이지 않아도 됩니다.

404. **Es gibt aber Kontrollen.**
에스 기-프트 아-바- 콘트롤렌

그러나 검표는 합니다.

405. **Ohne gültigen Fahrtausweis müssen Sie Strafe zahlen.**
오-네 귤티겐 파-르트아우스바이스 뮈쎈
지 슈트라-페싸-렌

통용되는 차표가 없으면 벌금을 지불해야 합니다.

406. **Die U-Bahnstation ist am Rathaus.**
디- 우-바-은슈타씨오-은 이스트 암 라-트하우스

지하철역은 시청곁에 있습니다.

407. **Fahrkarten gibt es am Automaten.**
팔칼텐 기-프트 에스 암 아우토마-텐

승차권은 자동판매기에서 삽니다.

408. **Vor Antritt der Fahrt muβ man seine Fahrkarte selbst entwerten.**
포아 안트릿트 데어 팔-트 무스 만 자이네
팔-칼테 제르프스트 엔트벨텐

타기전에 자신이 차표에 구멍을 뚫어야 합니다.

409. Nehmen Sie die Straβenbahn, das ist am schnellsten.
네- 맨 지- 디 슈트라-쎈바-온 다스
이스트 암 슈넬스텐

시가 전차를 타십시오. 그것이 가장 빠르니다.

III. 택시의 관용적 표현

410. Wo ist der nächste Taxistand?
보- 이스트 데어 네히스테 탁시-슈탄트

가장 가까운 택시 타는 곳은 어디입니까?

411. Gleich dort an der Ecke.
그라이히 돌트 안 데어 엣케

바로 저기 모퉁이 올시다.

412. Sie können hier auch ein Taxi winken.
지- 넨 히어 아우호 아인 탁시- 뷘켄

여기서 손을 들어서 부를 수 있습니다.

413. Hallo, Taxi, ich möchte schnell zum
하로 탁시- 이히 뫼히테 슈넬 쭘-

Flughafen.
프루-크하-펜

택시, 공항까지 빨리 갑시다.

414. **Wird gemacht.**
비어트 게마하트

알았습니다.
☞ Jawohl[야보-로]라고도 합니다.

415. **Wird es lange dauern?**
비어트 애스 란게 다우에른

오래 걸립니다.

416. **Nein, höchstens fünfzehn Minuten.**
나인 회히스턴스 퓐프쩬 미누-텐

아니오, 기껏해야 15분 입니다.

417. **Wie viel macht das?**
비- 필- 마하르 다스

얼마지요?

418. **Vierzehn Mark sechzig.**
피어쩬 마르크 제히씻히

14마르크 60입니다.

419. **Hier, fünfzehn Mark, es ist gut so.**
히-어 핀프쩬 마르크 애스 이스트 구-트 조-

자, 15마르크. 나머지는 가지세요.

420. Danke, auf Wiedersehen.
단케   아우프 비-다-제-엔

고맙습니다. 안녕!

421. Können Sie mir ein Taxi rufen?
쾬넨   지- 미어 아인 탁시 루-펜

택시를 불러주시겠습니까?

422. Einen Moment der Wagen kommt sofort.
아이넨 모멘트   데어 바-겐   콤트
조포르트

잠깐만 기다려주십시오. 차는 곧 옵니다.

423. Wohin möchten Sie bitte.
보-힌   뫼이텐   지- 빗테

어디로 모실까요.

424. Unnastraβe vierhundertdreiβig.
우나슉프라세   피어훈댈트드라이싯히

문화가(街), 430번지.

425. Ja, in Ordnung.
야- 인 올드눙그

네, 알았습니다.

426. **Nicht so schnell, bitte.**
니히트 조-슈넬   빗테

너무 빨리 달리지 마세요.

427. **Halten Sie dort an der Ampel, ich**
할텐   지- 돌프 안 데어 암펠   이히

möchte aussteigen.
뫼히테   아우스슈타이겐

저 신호에서 세워서 내리겠어요.

428. **Wie heiβi die Straβe hier?**
비-   히이스트디- 슈트라-세히-어

여기는 어디입니까?

429. **Ist es noch weit?**
이스트 애스 놋호   바이트

아직도 먼가요?

430. **Bitte, warten Sie, ich will nur eine**
빗테   발텐   지- 이히 빌 누-어아이네

Zeitung kaufen.
짜이퉁그   카우펜

기다려 주십시오. 신문만 사가지고 오겠으니.

10. 자동차에 관한 관용적 표현

431. Laßt uns ein Auto mieten!
라스트 운스 아인 아우토-텐
차를 빌리기로 합시다.

432. Dort ist „Rent a car".
돌트 이스트 렌타 카
저기에 「렌트카」가 있어요.

433. Wir möchten einen Wagen.
비어 뫼히텐 아이넨 바-겐
차를 빌리고 싶습니다.

434. Welches Modell?
벨헤스 모델
어떤 종류의 차입니까?

435. Einen BMW bitte.
아이넨 베-엠뵈-빗테
BMW를 부탁합니다.

436. Füllen Sie bitte dieses Formular aus.
휘렌 지- 빗테 디-제스 포르무라-르 아우스

이 용지에 기입해 주십시오.

437. Darf ich Ihren Reisepaß und Führerschein sehen?
달프 이히 어-랜 라이제파스 운트
휘-라-샤인 제-
여권과 운전면허증을 보여주십시오.

438. Wie lange brauchen Sie den Wagen?
비- 랑게 부라우헨 지- 덴 바-
얼마동안 차가 필요합니까?

439. Für drei Tage.
퓌어 드라이 타-게
3일간 입니다.

440. Der Wagen ist voll getankt, gute Reise!
데어 바-겐 이스트 폴 게탄크트 구-테 라이제
차는 만탱크 입니다. 즐거운 여행을 하십시오.

441. Braucht man Gebühren für die Autobahn?
부라우히트 만 게뷔-렌 퓌어 디-
아우토바-은
고속도로의 요금은 필요합니까?

10. 자동차에 관한 관용적 표현　103

442. Nein, in Deutschland sind alle
나인　인 도이췰란드　진트 알레
Straßen kostenlos.
슈트라-센 코스텐로스
아니오. 독일에서는 어느 도로도 무료입니다.

443. Aur der Autobahn gibt es keine
아우프 데어 아우토반-　기-프트 애스 카이네
Geschwindigkeitsbegrenzung.
게슈빈딧히카이쓰베그렌쭝그
고속도로 에서는 속도 제한은 없습니다.

444. Einige Autos fahren über 200Km
아이니게 아우토-스 파-렌 위-바-
(zweihundert Kilometer) pro Stunde.
쓰바이훈댈트　키로메-타-　프로 슈툰테
시속 200킬로 이상으로 달리는 차도 있습니다.

445. Das Überholen ist gefährlich.
다스 위-바-호-렌 이스트 게페-르릿히
추월은 위험합니다.

446. Fahren Siv vorsichtig !
파-랜　지-　포아지히틧히
운전을 조심하십시오.

447. Das Benzin reicht nicht aus.
다스 벤씬　라이히트 니히트 아우스

가솔린이 다 되어 갈 것 같다.

448. Ich muß bald tanken.
잇히 무스 발트 탄켄
곧 급유를 해야 겠다.

449. Wo ist die nächste Tankstelle?
보- 이스트 디-네히스테 탄크슈텔레
가장 가까운 주유소는 어디에 있습니까?

450. Dort sehen Sie ein BP-Schild.
돌트 제-엔 지- 아인 베-페-실트
저기에 BP의 간판이 보입니다.
☞ BP는 영구자본의 석유회사의 이름입니다.

451. Ist dort Selbstbedienung?
이스트 돌트 젤프스트베디-눙그
저기서는 셀프서비스 인가요?

452. Nein, es gibt einen Tankwart.
나인   애스 기프트 아이낸 탄크발트
아니오. 종업원이 있습니다.

453. Einmal volltanken, bitte.
아인마-르 폴탄켄   빗테
만탱크로 부탁합니다.

454. Sehen Sie auch nach dem Öl.
기름을 봐 주었으면 합니다.

455. Beim Unfall müssen Sie sofort die Polizei rufen.
사고가 생기면 곧 경찰을 부르십시오.

456. Längs der Autobahn gibt es Telefone.
고속도로에는 전화가 있습니다.

457. Sagen Sie genau, an welchem Kilometerstein Sie sind und in welcher Richtung.
어느 방위이며, 몇 킬로미터의 표지가 있는 곳인지 정확히 전하십시오.

458. In Deutschland ist Rechtsverkehr.
독일은 우측 통행입니다.

459. Es gibt oft extra Wege für

Fahrräder.
파-르레-다-

자전거 전용도로도 여기저기에 있습니다.

460. In Wohngebieten darf oft nur 30Km
인 보-은게비-텐 달프 오프트 누-어
(dreiβig Kilometer) gefahren werden.
드라이시히 키로메-타- 게파-렌 베-르덴

주택지역에서는 제한속도, 시속 30킬로의 곳이 많다.

고속도로 도중의 휴게소

가두의 주유소

11. 길 안내의 관용적 표현

461. Wie komme ich zu Ihrem Haus?
비- 콤메 이히 쭈-이-렘 하우스

댁으로는 어떻게 가면 됩니까?

462. Steigen Sie an der Station
슈타이겐 지- 안 데어 슈타씨오-은

Kiwittsmoor aus.
귀쯔모-아 아우스

키 빗쓰모아 역에서 내리십시오.

463. Gehen Sie nach links bis zur Straβe
게-엔 지- 나-하 링크스 비스 쭈-어 슈트라-세

Am Ochsenzoll.
암 옥센쫄

좌측으로 나와서 암·옥센졸거리까지 나아가십시오.

464. Dann rechts bis zur Tankstedter
단 레히쯔 비스 쭈-어 탄크슈텟타-

Landstraβe.
란트슈트라-세

그리고나서 우측으로 굽어서 탄 구슈텟타·란드가(街)까지 가세요.

465. Dort fragen Sie am besten noch einmal.
돌트 프라-겐 지- 암 베스텐 놋호 아인마-르
거기서 확인하기 위해서 다시 한번 물으십시오.

466. Können Sie mir den Weg noch genauer beschreiben?
쾬넨 지- 미어 덴 베-크 놋호 게나우아- 베슈라이벤
가는길 순서를 더 자세히 가르쳐 주십시오.

467. Ich gebe Ihnen eine Skizze zur Orientierung.
이히 게-베 이-넨 아이네 스킷쎄 쭈-아 오리엔티-룽그
알기쉽게 그림을 그리지요.

468. Wie lange dauert es zu Fuβ?
비- 랑-게 다우엘트 애스 쭈-후-스
걸어서 어느 정도의 시간이 걸립니까?

469. Etwa fünfzehn Minuten.
에트바 퓐프쌘- 미누-텐
약 15분입니다.

470. Entschuldigen Sie bitte, wo ist das
엔트술디겐 지- 빗테 보- 이스트 다스

Hallenbad?
하렌바-트
저어, 실내 풀은 어디에 있습니까?

471. **Das weiß ich leider nicht, ich bin**
다스 바이스 이히 라이다- 니히트 이히 빈
fremd hier.
프램드 히-어
알지 못합니다. 여기는 낯선 곳이어서.

472. **Verzeihen Sie, wie komme ich zum**
페아싸이헨 지- 비- 콤메 이히 쭘-
öffentlichen Bad?
욋펜트릿헨 바-드
공연 풀은 어디인가요?

473. **Gehen Sie geradeaus bis zur Ampel,**
게-엔 지- 게라-데아우스 비스 쭈-어 암펠
dann sehen Sie rechts den Eingang.
단 제-엔 지- 래히쓰 덴 아인강그
신호등까지 똑바로 가면, 오른편에 입구가 보입니다.

474. **Danke schön.**
단케 쇤-
대단히 감사합니다.

475. **Wo ist die Kinderkasse?**
보- 이스트 디- 킨다-캇세

아동 수당의 창구는 어디에 있습니까 ?

476. Im zweiten Stock rechts.
임 쓰바이텐 슈톡크 래히쓰

3층의 오른쪽 입니다.

☞ 독일어의 2층(zweiter Stock)[쓰바이타-・슈톡크]는 한국의 3층입니다. 독일에서는 2층부터 1, 2,……X층과 같이 세기 시작합니다. 1층은 Parterre[파로테레] 또는 Erdgeschoβ[에르트레숏스]입니다.

477. Wo ist das philosophische Seminar ?
보- 이스트 다스피로조-핏세 제미나-르

철학과의 연구실은 어디인가요.

478. Im zehnten Stock des philosophenturms.
임 첸-텐 슈톡 데스
피로조-펜투릅스

「철학자의 탑」의 11층입니다.

479. Wo wohnt Anton ?
보- 본-트 안토-은

안톤은 어디에 살고 있습니까 ?

480. Sedanstraβe dreizehn.
제단슈트라-세 드라이첸-

제단가(街) 13번지 입니다.

11. 길 안내의 관용적 표현

481. Weiβt du, wo das ist?
바이스트 두- 보- 다스 이스트
그것이 어딘지 아십니까?

482. In der Nähe vom Fernsehturm.
인 데어 네-에 폼 페른 제-투름
텔레비전탑의 근처 입니다.

483. Entschuldigen Sie, wie kommen wir
엔트슐디겐   지- 비- 콤맨   비어
zur Sedanstraβe?
쭈-어 제단슈트라-세
미안하지만 제단가(街)를 가는길을 가르쳐 주십시오.
☞ 묻는 사람이 한사람이면, wie komme ich…?
[비-콤메·이히]로 됩니다.

484. Sie fahren in der falschen Richtung.
비- 파-렌   인 데어 파르셴   리히퉁그
당신들은 반대 방향을 향하고 있습니다.

485. Sie müssen zurück bis zur
지-   센   쭈-뤽크 비스 쭈-아
Luisenstraβe.
루이젠슈트라-세
루이제가(街)까지 되돌아가야 합니다.

112 독일어 회화

486. Dann rechts zur Peterskirche.
단 래히쓰 쭈-어 페퍼스킬헤

그리고나서 우측으로 굽어서 페테교회까지 (가세요).

487. Hinter der Kirche führt eine kleine Straße, eine Einbahnstraße, direkt zur Sedanstraße.
힌타- 데어 킬헤 퓔-트 아이네 크라이네 슈트라-세 아이네 아인바-은슈트라-세 디렉크트 슈-어제단슈트라-세

교회의 뒤에서 일방통행의 작은 거리가 제단가(街)로 직결되어 있습니다.

488. Anton wohnt Nummer dreizehn.
안톤- 본-트 눈마- 드라이쩬-

안톤은 13였지.

489. Dann müssen wir hier rechts suchen.
단 쎈 비어 히-어 래히쓰 주-헨

그럼 이쪽 우측을 찾아야만 한다.

490. Die ungeraden Hausnummern sind hier rechts.
디- 운게라-인 하우스눈메른 진트 히-어 래히쓰

기수번호는 우측에 늘어서 있다.

☞독일에서는 한국처럼 번지가 복잡하지 않고

거리의 양쪽에 따라서 한편은 짝수, 다른 편은 홀수로 되어 있으므로 몇개만 알면 곧 찾을 수 있습니다.

491. Ich habe mich verlaufen.
이히 하-베 밋히 페어라우펜

길을 잃었습니다.

492. Wo bin ich hier?
보- 빈 이히 히-어

여기는 어디인가요?

493. Zeigen Sie mir Ihren Stadtplan.
싸이겐 지- 미어 이-랜 슈탓트프리-은

당신의 시가지도를 보여주십시오.

494. Wir sind hier in der Ost-West
비어 진트 히-어 인 데어 오스트베스트

Straβe Ecke Rödingsmarkt.
슈트라-세 엣케 뢰-딩스마르크트

여기는 동서가(街)와 레딩그스 시장의 모퉁이 입니다.

495. Wo wollen Sie denn hin?
보- 볼렌 지- 덴 힌

어디로 가고자 합니까?

496. Zum Fischmarkt.
쏨- 핏슈마르크트

어시장입니다.

497. Oh, das ist ziemlich weit.
오- 다스 이스트 씨-므릿히 웨이트

그래요. 그건 꽤 멉니다.

498. Nehmen Sie ein Taxi, oder die
네-멘 지- 아인 탁시- 오-디-대-

U-Bahn bis Landungsbrücken.
우-바-은 비스 란둥그스부류켄

택시를 타시든가, 지하철로 란둥그 다리까지 가십시오.

499. Fragen Sie dort noch einmal.
프라-겐 지- 돌트 놋토 아인말-

거기서 다시 한번 물으세요.

500. Haben Sie vielen Dank.
하-벤 지- 피-랜 단크

대단히 고맙습니다.

501. Waren Sie schon im Elbtunnel?
바-렌 지- 숀- 임 에르프툰넬

에르프 터널에 가본 적이 있습니까?

502. Der ist gleich neben den
데어 이스트 그라이히 네-벤 덴

Landungsbrücken.
란둥그스부류켄

그것은 란둥그 다리의 바로 곁에 있습니다.

12. 관광여행의 관용적 표현

503. Sind Sie Tourist?
진트 지- 투어리스트

당신은 여행자 이신가요?

504. Ja, ich bin Tourist.
야- 이히 빈 토어리스트

네. 여행자입니다.

505. Was sind die Sehenswürdigkeiten
바스 진트 디- 제-엔스빌 딧히카이텐

von Trier.
폰 트리-아

트리아의 관광명소는 무엇입니까?

506. Zunächst wohl die Porta Nigra, aber
쑤-넷헤스트 보-르 디- 포르타 니그라 아-바-

auch die Altstadt und das Karl
아우루 디- 알트슈탓트 운트 다스 칼-

Marx-Haus.
마르크 하우스

먼저 포르타·니구라, 그리고 구시가지, 칼·마르크스 집입니다.

12. 관광여행의 관용적 표현

507. **Wo sind die Schließfächer?**
우 진트 디- 슈리-스펫히아-
사서함은 어디에 있습니까?

508. **Es gibt auch eine Gepäckaufbewahrung**
애스 기-프트 아우후아이네 게팩크아우프베바-룽그
am Bahnhof.
암 바-은호-프
역에는 수하물 보관소도 있습니다.

509. **Ich möchte einen Stadtplan von Köln.**
이히 뫼히테 아이넨 슈탓트프란- 폰 쾨른
쾨른의 시가지도를 갖고자 합니다.

510. **Den bekommen Sie bei der**
덴 베콤멘 지- 바이 데어
Touristeninformation.
투어리스탠인포마씨온
관광안내소에서 얻을 수 있습니다.

511. **Dort hilft man Ihnen auch bei der**
돌트 헬프트 만 이-넨 아우후 바이 데어
Hotelsuche.
호텔쥬-헤
거기서는 숙소도 찾아 줍니다.

512. **Ich möchte eine Stadtrundfahrt**
이히 뫼히테 아이네 슈탓트룬트퐈-트

machen.
맛헨

시내를 돌고 싶습니다.

513. **Die Busse für die Rundfahrt fahren**
디- 붓세 퓌어 디- 룬트 팔-트
vom Bahnhof ab.
폼 반-호프 앗프

관광버스는 역에서 출발하고 있습니다.

514. **Sie können auch eine Rheinfahrt mit**
지- 넨 아우후 아이네 라인파-르트 밋트
dem Schiff machen.
뎀 쉿프 맛헨

배로 라인강의 선박 여행을 하고 싶습니다.

515. **Sehr zu empfehlen ist die Fahrt mit**
재-어 쭈- 엠프페-렌 이스트 디-팔-트 밋트
Musik und Tanz nach Königswinter.
뮤지-크 운트 탄쓰 나-하 쾨-니히스빈

쾨니스빈타행의 음악과 땐스를 하는 배를 특히 추천합니다.

516. **Der Rhein ist berühmt für seine**
데어 라인 이스트 베류-므트 퓌어 자이네
Burgen.
불겐

라인강는 성으로 유명합니다.

517. **Eintrittskarten für die Burg gibt es dort drüben.**
성의 입장권 매장은 저쪽입니다.

518. **Nehmen Sie auch Dollar?**
달러로도 지불할 수 있습니까?

519. **Kann ich mit Travellerscheck bezehlen?**
여행자 수표로 지불할 수 있습니까?

520. **Nehmen Sie diese Kreditkarte?**
이 크레디트 카드로 지불할 수 있습니까?

521. **Wann beginnt die Fuhrung?**
안내는 몇시에 시작합니까?

522. **Sie beginnt um zehn Uhr.**
10시에 시작합니다.

☞ 독일어에서 사용되는 대명사는 앞에 나오는 명사의 성에 따라서 결정됩니다. 이 경우에는 die Führung(안내)가 여성이므로, 그것을 받는 대명사는 sie(그녀)로 됩니다.

523. **Wird dabei nur Deutsch gesprochen?**
비어트 다바이 누-어도이취 게슈프롯헨

독일어 설명 뿐 인가요.

524. **Ja, leider.**
야- 라이디-

네, 유감스럽지만.

525. **Um zwölf Uhr gibt es eine Führung auf englisch.**
움 쓰뷀프 우-어 기-프트 에스 아이네 휘-룽그
아우프엥그릿슈

12시에는 영어의 안내가 있습니다.

526. **Am Sonntag sind alle Geschäfte geschlossen.**
암 존타-크 진트 알레 게세프테
게슈롯센

일요일에는 상점이 쉽니다.

527. **Die Banken sind am Sonnabend und**
디- 반켄 진트 암 존아-벤트 운트

Sonntag nicht geöffnet.
존타-크 니히트 게외프넷트

은행은 토요일, 일요일은 휴일입니다.

528. **Einzelhandelsgeschäfte haben am**
아인쎌한델게세프테 하-벤 암
Samstag bis 14 (vierzehn)
잠스타-크 비스 피어쩬-
Uhr geöffnet.
우-어 게외프넷트

소매점은 토요일은 오후 2시까지 열고 있습니다.

529. **Es gibt ein Ladenschlußgesetz in**
애스 기-프트아인 라-덴슈룻스게젯쓰 인
Deutschland.
도이취란트

독일에는 폐점 시간법이 있습니다.

☞ 이 법률에 의해서, 상점 종사자들을 위한 가정 생활의 시간이 보장됩니다. 한국과 같이 심야 영업을 하는 곳은 없습니다.

530. **Nach 18(achtzehn) Uhr 30(dreißig)**
나-하 아하쩬 우-어 드라이싯히
kann man in Deutschland nichts
칸 만 인 도이취란트 니히쓰
mehr kaufen.
매-어 카우펜

오후 6시반 이후에는 독일에서는 쇼핑을 할 수 없습니다.

531. Viele Geschäfte haben von eins bis zwei Mittagspause.
피-레 게세프테 하-벤 폰 아이스 비스
쯔바이 밋타-크스파우제

대부분의 상점은 1시에서 2시까지 낮 휴식이 있습니다.

13. 시간에 관한 관용적 표현

532. Wieviel Uhr ist es?
비-필- 우-어 이스트 애스

몇시 입니까?

533. Wie spät ist es jetzt?
비- 슈페-트 이스트 애스 예쓰트

지금 몇시인가요?
☞ 시간을 물을때는 532나 533의 어느 것인가를 씁니다.

534. Es ist sieben.
애스 이스트 지-벤

7시이다.

535. Es ist fünf nach sieben.
애스 이스트 퓐프 나-하 지-벤

7시 5분이 지났다.

536. Es ist sieben Uhr fünfzehn.
애스 이스트 지-벤 우-어 퓐프쎈-

7시 15분이다.
☞ Esist Viertel nach sieben. [에스·이스트·피

아텔 · 나-하 · 지-벤]도 같습니다.

537. **Es ist halb acht.**
애스 이스트 할프 아하트

7시 반이다.

☞ 독일어로서는 「8시를 향해서 반절」이란 표현입니다. halb sieben[하르프 · 지-벤]은 7시 반이 아니라, 6시 반을 말합니다.

538. **Es ist sieben Uhr dreiβig.**
이스 이스트 지-벤 우-어 드라이싯히

7시 30분이다.

539. **Es ist fünf nach halb acht.**
애스 이스트 퓐프 나-하 할프 아하트

7시 35분이다.

540. **Es ist sieben Uhr fünfundvierzig.**
애스 이스트 지-벤 우-어 퓐프운트피어쎗히

7시 45분이다.

541. **Es ist Viertel vor acht.**
애스 이스트 피아텔 포아 아하트

8시 15분전이다.

542. **Es ist sieben Uhr fünfundfünfzig.**
애스 이스트 지-벤 우-어 퓐프운트 프쎗히

7시 55분이다.

543. Es ist fünf vor acht.
애스 이스트 퓐프 포아 아하트
8시 5분전이다.

544. Es ist Mittag.
애스 이스트 밋타-크
정오이다.
☞ Mittag의 발음은 [밋타-크]입니다.

545. Um Viertel nach eins beginnt die
움 피어텔 나-하 아인스 베긴트 디-
Vorlesung.
포아레중그
강의는 1시 15분에 시작된다.

546. Wir wollen um neun Uhr abfahren.
비어 볼렌 움 노인 우-어 아프파-렌
9시에 출발할 예정이다.

547. Ich komme gegen elf nach Hause.
이히 콤매 게-겐 엘프 나-하 하우제
나는 11시경에 귀가 한다.

548. Wir treffen uns um 18(achtehn) Uhr.
비어 트렛펜 운스 움 아하텐 우-어

오후 6시에 만날 약속이다.

549. Gegen drei bin ich wieder da.
게-겐 드라이 빈 이히 비-다=다-

나는 3시경에 다시 돌아온다.

550. Es ist allerhöchste Zeit.
애스 이스트 알라-회-히스테 싸이트

지금이 가장 좋은 시기이다.

551. Der wievielte ist heute?
데어 알라-회-히스테이스트 호이테

오늘은 며칠 인가요?

☞ Den wievielten haben wir heute?[덴·비-피-르텐·하-벤·비-아·호이테], Welches Datum haben wir heute?[베르헤스·다-툼·하-벤·비-아·호이테]도 물어도 무방합니다.

552. Heute ist der 25.(fünfundzwanzigste) Januar.
호이테 이스트 데어 퓐프운트쓰반씻히스테
야-수알-

오늘은 1월 25일이다.

553. Im Februar ist Karneval.
임 페부루알- 이스트 카-네발

13. 시간에 관한 관용적 표현   127

2월은 사유제의 달이다.

554. **März, April, Mai ist Frühling.**
메르쓰 아프릴 마이 이스트 후류-링그
3, 4, 5월은 봄이다.

555. **Der 17. (siebzehnte) Juni ist frei.**
데어   지-프쎈-테   유-니- 이스트 프라이
6월 17일은 휴일이다.
☞ Tag der deutschen Einheit [타-크·데아·도이·첸·아인하이트](독일 통일의 날)입니다.

556. **Im Juli und August sind Ferien.**
임 유-리운트 아우구스트 진트 페-리엔
7월, 8월은 휴가의 달이다.

557. **Dir Schule beginnt im September.**
디-슈-레 베긴트 임 세프템비-
학교는 9월에 시작한다.

558. **Wann ist das Oktoberfest?**
반   이스트 다스오크토-바-페스트
10월제는 언제인가요?

559. **Es findet von Ende September bis**
애스 핀댓트 폰 엔데 제프템바-   비스

Anfang Oktober statt.
안팡그   오크토-바- 슉탓트

그것은 9월 하순에서 10월 초순에 걸쳐서 행해진다.

560. **Im November wird man melancholisch.**
임 노벰바-   비어트 만   메란코-릿슈

11월은 우울한 기분이 든다.

561. **Am 24. (vierundzwaznzigsten)**
암   피어운트쓰반닛히스텐

Dezember ist Heiliger Abend.
데-쎔바-이스트   하이히기-   아-벤트

12월 24일은 크리스마스 이브이다.

562. **Wann wurden Sie geboren?**
반   뷜덴   씨-   게보-렌

언제 태어났습니까?

563. **Wann ist Ihr Geburtstag?**
반   이스트 이어 게부르쓰타-크

생일은 언제 입니까?

564. **Ich wurde am 18.(achtzehnten)**
이히 부-르데 암   아하쩬탠

September 1970 (neunzehnhundertsie-
제프템-바   노인첸훈달트지-프씻히

bzig） geboren.
게보-랜

1980년 9월 18일 생이다.

565. Welchen Wochentag haben wir heute？
벨핸　　봇헨타-크　　하-벤　비어　호이테

오늘은 몇요일 인가요？

☞ Was für einen Tag haben wir heute？[바스·퓨어·아이넨·타-크·하-벤·비-아·호이테]로 물을 수도 있습니다.

566. Heute ist Montag.
호이테　이스트 몬-타크

오늘은 월요일이다.

567. Die Woche hat sieben Tage, Montag,
디-　봇헤　핫트 지-벤　타-게　몬-타크

Dienstag, Mittwoch, Donnerstag,
디-은스타-크 밋트봇호　도나스타-크

Freitag, Samstag und Sonntag.
라　　잠스타-크　운트 존타-크

1주일은, 월·화·수·목·금·토·일요일의 7일간이다.

568. Samstag und Sonntag nennt man
잠스타-크　운트　존타-크　　넨트　만

Wochenende.
봇헨엔데

토요일과 일요일은 주말이다.
☞ 토요일은 Sonnabend[존아-벤트]라고도 합니다.

569. Das Jahr hat zwölf Monate.
다스 얄- 핫트 쓰뷀프 모-나-테

1년은 12개월이다.

570. Das Jahr hat dreihundertfünfund-
다스 얄- 핫트 드라이훈댙트퓐프운트재히씻히

sechzig Tage.
타-게

1년은 365일이다.

독일어의 수(2)

독일어의 서수(순번을 나타내는 수)는, 19까지의 수에는 -t를, 20이상의 수에는 -sz를 붙여서 만든다. (단, 1, 3, 8은 예외)

제1의	erst- 에-르스트	제4의	viert- 드릿트
제2의	zweit- 쓰바이트	제5의	fünft- 퓐프트
제3의	dritt- 드릿트	제6의	sechst- 제스트

제8의	acht- 아하트	제17의	siebzehnt- 지-프쎈트
제10의	zehnt- 쎈-트	제18의	achtzehnt- 아하쎈-트

제24의	vierundzwanzigst- 피이운트쓰반씨히스트
제25의	fünfundzwanzigst- 퓐프운트쓰반씨하스트
제100의	hundertst- 훈데르쓰트

또한 서수는 형용사와 같이 어미 변화를 한다. 그러므로 위의 서수도 그대로의 형태로 쓰여지지 않는다. 예를 들면 「제3의 사나이」는 "Der dritte Mann"[데아드릿테·만]으로 되고, dritt- 다음에 어미 -e가 붙는다. 즉 dritt가 어미 없이 독립적으로 쓰여지는 일은 없다.

14. 전화의 관용적 표현

571. Ich rufe Frau Klein an.
이히 루-페 프라우 크라인 안
나는 크라인 여사에게 전화를 걸어 보겠다.

572. Vielleicht hat sie Zeit.
피-라이히트 하트 지- 짜이트
그녀는 아마도 틈이 있을 것이다.

573. Nein, das geht nicht, es ist schon
나인 다스 게-트 니히트 에스 이스트 숀-
22(zweiundzwanzig) Uhr.
쯔바이운트쯔반씻히 우-어
안되요. 벌써 밤 10시에요.

574. Nach 21(einundzwanzig) Uhr sollte
나-하 아인운트쯔반씻히 우-어 졸테
man nicht mehr anrufen.
만 니히트 매-어 안루-펜
9시 지나서의 전화는 삼가 해야지요.

575. Ja, das stimmt, daran habe ich nicht
야 다스 슈팀트 다란 하-베 이히 니히트
gedacht.
게다하트

그래, 옳아요, 그것을 생각하지 못했지.

576. Hallo, hier spricht Prof. So.
하로- 히-어 슈프리히트 프로펫솔 서
여보세요. 저는 서교수 올시다.

577. Ich möchte mit Frau Klein sprechen.
이히 뫼히테 밋트 프라우 크라인 슈프레핸
크라인 여사와 통화하고 싶습니다.

578. Ich bin am Apparat.
이히 빈 암 아파라-트
저(가본인)입니다.

579. Guten Tag, Frau Kim!
구-텐 타-크 후라우 킴
안녕하세요. 김여사님!

580. Gut, daβ ich Sie erreiche.
구-트 다스 이히 지- 애아라이헤
잘되었다. 연락이 되어서.

581. Wir treffen uns heute alle in der Stadt.
비어 트렛펜 운스 호이테 알레 인 데어 슈탓트
오늘 모두 시내에서 만나기로 되어 있어요.

582. Können Sie auch kommen?

당신도 오시겠어요?

583. Gern, ich habe den ganzen Nachmittag frei.

네, 기꺼이, 오후는 줄곧 틈이 있어요.

584. Wunderbar, dann um vierzehn Uhr am Hertie Kaufhaus.

잘되었어요. 그럼 14시에 헬티 백화점에서.

585. Auf Wiederhören und vielen Dank!

안녕히 계세요. 고맙습니다.

586. Nichts zu danken. Auf Wiederhören!

천만에요. 안녕히 계세요.

☞ 전화할 때, 「다시 듣기를 기대하고」의 뜻으로 Auf Wiederhören[아우프·비-다-회-렌]이라고 합니다. Auf Wiedersehen[아우프-비-다-제-은]이라고 해도 틀린것은 아닙니다.

14. 전화의 관용적 표현

587. **Hallo, hier ist Prof. Kim.**
하로- 히-어 이스트 푸로펫솔 숄킴

여보세요. 김교수입니다.

588. **Mit wem spreche ich, bitte?**
밋트 뱀 슈프렛헤 이히 빗테

누구시지요. 그쪽은.

589. **Mein Name ist Schopp.**
마인 나-메 이스트 쇼프

숖이올시다.

590. **Guten Tag, Herr Schopp, kann ich mit**
구-텐 타-크 해어 쇼프 칸 이히 밋트
Herrn Abs sprechen?
해른 아프스 슈프렛핸

안녕하세요. 숖씨. 아프스씨와 통화하고 싶습니다.

591. **Tut mir leid, er ist gerade nicht da.**
투-트 미어 라이트 애어 이스트 게라-데 니히트 다-

섭섭하지만, 지금 자리에 안계십니다.

592. **Ich verstehe, wollen Sie ihm bitte**
이히 페아슈테-에 볼랜 지- 임- 빗테
ausrichten. daβ ich angerufen habe.
아우스리히텐 다스 미히 안게루-펜 하-베

알았습니다. 제가 전화했다고 전해 주십시오.

593. Mache ich gern, wie war Ihr Name
맛헤 이히 게른 비- 발- 이-어 나-메
bitte?
빗테

좋습니다. 성함이 어떻게 되십니까?

594. K-I-M. Vielen Dank.
피-랜 단크

김입니다. 감사합니다.

595. Auf Wiederhören.
아우프 비-다-회-랜

안녕히 계십시오.

596. Hallo, ich hätte gern Frau
하로- 이히 헷테 게른 프라우
Bundermann gesprochen!
분다-만 게슈프롯핸

여보세요. 분다만 여사와 통화하고 싶습니다.
☞ hätte…gesprochen[헷테…게슈프롯헨]은 전화 할 때 쓰여지는 접속법입니다.

597. Was haben Sie gesagt?
바스 하-벤 지- 기지코트

무엇이라고 말씀하셨습니까?

14. 전화의 관용적 표현

598. Das Telefon macht ein furchtbares Geräusch.
다스 테레포-은 마하트 아인 후르히트바-레스
게로이슈
전화 잡음이 심합니다.

599. Ich kann Sie schlecht hören.
이히 칸 지- 슈레히트 회-랜
당신 말씀이 잘 들리지 않습니다.

600. Noch einmal bitte.
놋호 아인말 빗테
다시 한번 부탁합니다.

601. Entschuldigen Sie, ich habe falsch gewählt.
엔트슐디겐 지- 이히 하-베 팔슈
게베-르트
미안합니다. 잘못 걸었습니다.

602. Hallo, Auskunft! Bitte sagen Sie mir die Vorwahlnummer für Seoul, Korea.
하로 아우스쿤프트 빗테 자-겐 지- 미어
디- 포아바-르붐마- 퓌어
여보세요. 번호안내 입니까? 한국의 서울로 걸때의 번호는 몇번 인가요?

603. Hören Sie bitte, die Nummer für Seoul,
회-랜 지- 빗테 디- 눔마- 퓌어

Korea ist Null Null acht Zwei zwei.
이스트 눌 눌 아하트 쯔바이 쯔바이

0082-2가 식별번호입니다.

604. Sie können direkt wählen.
지- 궨넨 디레크트 베-렌

직접 다이알로 걸수 있습니다.

605. Hallo, ich hätte gern Eva gesprochen.
하로- 이히 헷테 거른 에바- 게슈프롯핸

여보세요. 에바씨 계십니까?

606. Eva ist nicht da, kann ich was ausrichten?
에바- 이스트 니히트다- 칸 이히 바스
아우스리히텐

없습니다. 무엇이라고 전해드릴까요?

607. Sagen Sie ihr bitte, sie möchte mich zurückrufen.
자-겐 지- 이-어 빗테 지- 뫼히테 미히
쭈룩루-펜

그쪽에서 전화주시라고 전해주십시오.

608. Wie ist Ihre Telefonnummer bitte?
비- 이스트 이-레 테레폰눔마- 빗테

당신 전화번호는?

15. 사과의 관용적 표현

609. Grüß dich, Klaus!
그류-스딧히 크라우스
여보게, 크라우스!

610. O, ich habe dich nicht erkannt.
오-이히 하-베 딧히 니히트 에아칸트
아니. 자네인줄 몰랐네.

611. Wo warst du gestern?
보- 발스트 두- 게스테른
어제 자네는 어디에 있었지?

612. Ich war leider verhindert.
이히 발- 라이다- 페어힌데르트
조금 용무가 있어서 말이야.

613. Wir haben eine Stunde auf dich
비어 하-벤 아이네 슈툰데 아우프 딧히
gewartet.
게바르텟트
우리는 자네를 1시간이나 기다렸지.

614. Das ist mir peinlich.
다스 이스트 미어 파인릿히

그건 미안한데.

615. Du hättest mindestens anrufen sollen.
두- 헷테스트 민데스텐 안루-펜 졸렌

적어도 전화쯤은 했어야 했지.

☞ hättest[헷테스트]는 「실제로는 그렇지 않았다」라는 경우에 쓰이는 접속사 입니다.

616. Tut mir leid, ich habe es vergessen.
투-트 미어 라이트 이히 하-베 에스 페아겟센

미안해. 잊어버렸었지.

617. Entschuldigen Sie, daβ ich so spät komme.
엔트슐디겐 지- 닷스 이히 조- 슈페-트 콤매

늦어서 죄송합니다.

618. Ich konnte nicht früher kommen.
딧히 콘테 니히트 후뤼-아-콤맨

좀더 일찍 올 수 없었습니다.

619. Das macht nichts.
다스 마하트 나히쓰

괜찮습니다.

15. 사과의 관용적 표현

620. Entschuldigung!
엔트슐-디니궁그
용서하십시요.

621. Verzeihung!
페아싸이훙그
미안합니다.

622. Verzeihen Sie!
페아싸이엔 지-
미안합니다.

623. Das ist mir unangenehm.
다스 이스트 미어운안게네-므
용서하십시오.

624. Ich bitte um Entschuldigung.
이히 빗테 움 엔트슐디궁그
사과드립니다.

625. Sei mir nicht böse, aber…
자이 미어 니히트 뵈-제 아-바-
저, 미안하지만.

626. Seien Sie nicht böse, aber ich habe
자이엔 지- 니히트 뵈- 아-바-이히 하-베

keinen Hunger.
카이낸 훈가-가
미안하지만, 배가 고프지 않습니다.

627. Das ist schade !
다스 이스트 샤-데
그건 섭섭합니다.

628. Entschuldige, das war nicht meine
엔트슐디게   다스 발니하트마이네 아프지히트
Absicht.
아프지히트
미안해. 고의적인 것은 아니었어.
☞ Entschuldige[엔트슈르디게]는 친한 사이(한사람)에서 쓰는 표현입니다.

629. Ich habe ein schlechtes Gewissen, ich
잇히 하-베 아인 슈레히테스   게빗센   이히
habe Ihr Buch vergessen.
하-베 이어 부-후 페아겟센
당신의 책을 잊어버려서 미안합니다.

630. Entschuldigen Sie, ich wollte Sie nicht
엔트슐디겐   지- 이히 볼테   지- 니히트
kränken.
크렌켄
당신의 기분을 상해서 죄송합니다.

15. 사과의 관용적 표현   143

631. Ich bitte tausendmal um Entschuldigung.
이히 빗테 타우젠트말- 움
엔트슐디궁그
거듭거듭 사과 드립니다.

632. Ich bitte um Nachsicht.
이히 빗테 움 나-하지히트
너그럽게 봐 주십시오.

633. Ich bedauere.
이히 베다우에레
유감스럽게 생각합니다.

634. Ich muß Abbitte tun.
이히 무스 아프빗테
사과드립니다.

괼른 시내의 산림공원을 산책하는 시민들

Entschuldigung의 사용법

 이 과에서 취급하고 있는「미안합니다」는 문자 그대로 죄송하게 생각하고 상대방에게 사과할 때의 표현입니다. 길을 물을 때에 쓰는「미안합니다만, 정거장으로 가는 길을 가르쳐 주십시오」의「미안합니다」와는 다릅니다.

 또한 전철이나 버스안에서 남의 발을 밟았을 때는 Entschul digung！(미안합니다)을 쓰면 되지만, 떨어진 물건을 남이 주워줄 때는, 우리들이 흔히 쓰는「미안합니다」는 Danke schön！이며, Entschuldigung！이 아닙니다.

 한국사람은 오랜 습관으로「고맙습니다」의 뜻으로도「미안합니다」고 말하기 때문에, 이 점을 주의해서 Entschuldigung！를 많이 쓰지 않도록 주의해야 합니다.「미안합니다」을 연발하면, 예의 바르고 공손할것 같지만, 독일 사람들의 눈에는 너무 저자세로 보여집니다. 그 반대로 우리말로는 bitte？의 표현이 회화에 나타나지 않으므로 이것을 쓰지 않는 경향이 많습니다. 공손한 느낌은 독일어에서 bitte！를 씀으로써 나타내지므로 오히려 bitte를 많이 쓰도록 주의를 기울여야 할 것입니다.

16. 부탁의 관용적 표현

635. Ich habe eine Bitte.
이히 하-베 아이네 빗테
부탁이 있습니다.

636. Können Sie mir bitte helfen?
낸 지- 미어 빗테 헬팬
도와주시지 않겠습니까?

637. Können Sie mir einen Gefallen tun?
낸 지- 미어 아이낸 게팔렌 툰-
부탁하고자 하는 일이 있습니다만.

638. Darf ich Sie um eine Auskunft bitten?
달프 이히 지- 움 아이네 아우스크프트 빗텐
한번 가르쳐 주시지 않겠습니까?

639. Darf ich stören?
달프 이히 슈퇴-렌
실례합니다.

640. Entschuldigen Sie die Unterbrechung.
엔트슐디겐   지- 디- 운타-부랫흉그
방해가 되어 미안합니다.

641. Ziehen Sie bitte die Schuhe aus : das
씨-엔   지- 빗테   디- 슈-에   아우스 다스
ist eine Koreanische Sitte.
이스트 아이네 코리아-닛세   짓테
구두를 벗어 주십시오. 한국의 습관입니다.

642. Reichen Sie mir bitte das Salz.
라이헨   지- 미어 빗테   다스   자르츠
소금을 저에게 밀어주십시오.

643. Lassen Sie mich bitte durch !
랏센   지- 밋티   빗테   두루히
지나가게 해주십시오.

644. Könnten Sie das Fenster schließen ?
쾐텐   지- 다스 펜스타-   슈리-센
창을 닫아 주시겠습니까 ?
☞ 643. 644.는 주로 버스나 전차안에서 쓰는 표현입니다.

645. Können Sie mir Ihr Fahrrad leihen ?
쾐넨   지- 미어 이-어 파-르라-트 라이헨
자전거를 빌릴 수 있을까요 ?

16. 부탁의 관용적 표현 147

646. Können Sie mir mit Tassen aushelfen?

찻잔을 빌릴 수 있을까요?

647. Darf ich Ihr Telefon benutzen?

전화를 써도 좋을까요?

648. Können Sie das Bier frei Haus bringen?

맥주를 집으로 배달해 주시겠습니까?

649. Kann ich hier eine Nachricht hinterlassen?

여기에 전달할 말을 써 놓아도 좋을까요?

650. Würden Sie bitte eine Aufnahme von uns machen?

내 사진을 찍어 주시겠습니까?

접속법(Konjunktiv)에 대해서
콘윰크티-프

독일어에는 영어의 가정법에 해당하는 것으로 접속법이 있습니다. 이것은 본래 동사 변화의 한 형태이며, 비현실적인 내용을 표현하거나, 간접화법의 문장으로써나, 또한 말하는 사람의 소망을 표현할 때에 쓰여집니다. 그 중에서 간접화법의 접속법은 점점 쓰여지지 않는 경향이 있습니다. 완곡한 표현이나 공손한 표현은 본문 644, 650과 같은 접속법이 쓰여집니다.

1. Wenn du mir behilflich sein kannst,
   벤 두- 미-어배칠프릿히 자인 칸스트

   bin ich dir sehr dankbar(직설법)
   빈 잇히 디어 제-아 단크바-르

2. Wenn du mir behilflich sein könntest,
   벤 두- 미-어 배힐프릿히 자인 테스트

   wäre ich dir sehr dankbar(접속법)
   베-레 잇히 디-어 재-아 단크바-르

★ 이 2개의 문장은 원칭 du의 사이일지라도 1.인 경우는 직접적인 느낌이 됩니다. 내용적으로

16. 부탁의 관용적 표현 149

는 「네가 도와준다면 고맙겠다」와 같지만, 2.의 표현이 공손하고 고상한 표현입니다.

★ 접속법은 würde[뷜데], möchte[뫠히테], könnte[테], wäre[봬레], hätte[헷테]…와 같이 형태상으로는 우무라우트가 그 특징입니다.

왼편에 있는것이 부레멘의 악사의 상

17. 천후(자연현상)의 관용적 표현

651. Ein herrliches Wetter !
아인 헤르릿헤스 벳타-

좋은 날씨입니다 그려.

652. Ein wunderbarer Tag !
아인 분다-바-라- 타-크

참으로 좋은 날씨다.

654. Es ist stürmisch.
애스 이스트 슈튜르밋슈

무서운 바람이다.

655. Es regnet und stürmt.
애스 레구넷트 운트 슈투름트

폭풍우이다.

656. Heute haben wir Graupelwetter.
호이테 하-벤 비어 그라우펠벳타-

오늘은 눈과 비가 섞인 날씨이다.

657. Es schneit.
애스 슈나이트

눈이 온다.

658. Der Schnee liegt 20cm(zwanzig Zentimeter) hoch.
눈이 20센티나 쌓였다.

659. Die Temperatur ist unter Null.
기온은 빙점 이하이다.

660. Es friert Stein und Bein.
지독하게 차다.
☞ Es ist sehr kalt.[에스·이스트·제-아·카르트]보다도 추위의 뉘앙스가 강한 표현입니다.

661. Ich glaube, wir kriegen Tauwetter.
눈이 녹는 날씨가 될 것이다.

662. Das Eis auf dem Teich taut.
연못의 얼음이 풀린다.

663. Der Rhein hat Hochwasser.

라인강은 만수이다.

664. Die Ufer sind überflutet.
디- 우-파 진트 위-바-후류텐트
강변에 물이 넘쳐 나오고 있다.

665. Die Luft ist lind.
디- 루푸트 이스트 린트
공기가 기분좋다.

666. Die Nacht ist mild.
디- 나하트 이스트 밀트
오늘밤은 온화하다.

667. Heute ist es heiβ, wir bekommen
호이테 이스트 애스 하이스 비어 베콤맨
sicher Hitzefrei.
씻히아 힛쩨후라이
오늘은 덥다. 틀림없이 서기(署氣)휴가가 된다.

☞ 독일의 국민학교・중학교에서는, 기온이 27℃ 이상이 되면 오전 10시 이후의 수업을 중지합니다. 이것을 「힛쎄 프라이」라고 합니다.

668. Das Quecksilber steigt auf dreiβig
다스 쿠벡크질바- 슈타이크트 아우프 드라이싯히

Grad.
그라-트

기온이 30도로 상승하고 있다.

669. **Es ist schwül, es kommt bestimmt ein Gewitter.**
애스 이스트 슈뷔-르 애스 콤트 베슈팀트 아인
게빗타-

무덥다. 틀림없이 소나기가 올 것이다.

670. **Am Horizont stehen schon Gewitterwolken.**
암 호리쏜트 슈테-앤 숀-
게빗타-볼켄

지평선에는 이미 뇌운(雷雲)이 나와있다.

671. **Jetzt blitzt und donnert es.**
에쯔트 부릿쓰트 운트 돈네르트 애스

지금 번개와 천둥이 치고 있다.

672. **Der Regen prasselt.**
데어 레-겐 프랏셀트

비가 세차게 내린다.

673. **Es gießt wie aus Eimern.**
애스 기-스트 비- 아우스 아이메른

비가 억수같이 쏟아진다.

674. Die Sonne scheint warm, wir können
디- 존네   샤인트   발음   비어 낸

uns draußen sonnen.
운스 드라우쎈   존넨

햇빛이 따사롭다. 밖에서 일광욕을 할 수 있다.

675. Heute ist richtiges Nieselwetter.
호이테 이스트 리히티게스 니-젤벳타-

오늘은 보슬비가 꽤 내리는 날씨이다.

676. Der Himmel ist blau, wir haben
데어 힘멜   이스트 부라우 비어 하-밴

Altweibersommer.
알트바이바-좀마-

하늘은 푸르고, 늦가을의 따스한 날씨이다.
☞ 10월경에, 짧은 기간동안 다시한번 여름같은 날씨가 되면,「알트바이바-존마」라고 합니다. 미국의「인디안 샤머」에 해당합니다.

677. Ein ungemütliches Wetter !
아인 운게뮈-트릿헤스   벳타-

어쩐지 기분 나쁜 날씨이다.

678. Der November ist trübe.
데어 노벰바-   이스트 트류-베

11월은 흐리고 음울하다.

679. **Hoffentlich kriegen wir weiße Weihnachten.**
훗펜트릿히 크리-겐 비어 바이세 바이-나하텐

크리스마스에는 눈이 내렸으면 좋겠는데.

680. **Es hat gefroren, es besteht Glatteisgefahr.**
애스 핫트 게프로-렌 애스 베슈테-트 그랏트아이스게파-르

길바닥이 얼었음. 미끄러질 위험이 있음.

681. **Wie ist das Wetter?**
비-이스트 다스 벳타-

날씨는 어떻습니까?

682. **Nach der Wettervorhersage wird es naβkalt.**
나-하 데어 벳타-포아헤아자-게 비어트 애스 나스칼트

일기예보에 따르면, 진눈개비가 올 것 같습니다.

18. 호텔에서의 관용적 표현

683. Ich habe keine Reservierung.
잇히 하-베 카이네 레젤피-룽그
예약을 하지 않았다.

684. Haben Sie ein Doppelzimmer frei?
하-벤 지- 아인 돗펠씸마- 프라이
2인용 방은 비어 있습니까?

685. Mit Bad oder Dusche?
밋트 바-트 오-다 두-제
목욕탕이 있습니까? 샤워입니까?

686. Mit Bad bitte!
밋트 바-트 빗테
목욕탕이 있는 방을 부탁합니다.

687. Wie viele Nächte?
비- 피-레 네히테
몇밤 주무실 것입니까?

688. Wenn es geht, vier.
벤 애스게-트 피-어
가능하면 4박입니다.

18. 호텔에서의 관용적 표현

689. Wieviel kostet dieses Doppelzimmer?
비-필- 코스텟트 디-재스 돗펠씸마

2인용 방은 얼마입니까?

690. Hundertfünfunddreißig Mark pro
훈델트퓐포운트드라이씻히 마르크 프로
Nacht.
나하트

하룻밤에 135마르크 입니다.

691. Ja, das nehme ich.
야- 다스 네-메 잇히

그럼, 그렇게 하겠오.

692. Haben Sie ein Einzelzimmer frei?
하-벤 지- 아인 인쩰씸마- 프라이

독방은 있습니까?.

693. Für wie lange?
퓌어 비- 랑게

몇밤 주무시겠습니까?

694. Für eine Nacht.
퓌어 비- 나하트

하루밤입니다.

695. Dieses Zimmer kostet fünfzig Mark
디-재스 씸마 코스텟트 퓐프씻히 마르크

mit Bad.
밋트 바-트
이방은 욕탕이 있고, 50마르크 입니다.

696. **Ist das mit Frühstück?**
이스트다스 밋트 후류-슈 크
아침식사는 다릅니까?

697. **Ja, das ist mit Frühstück und Mehrwertsteuer.**
야- 다스 이스트 밋트후뤼-슈툭 운트
메-아벨트 슈토이아-
네, 아침식사와 부가가치세가 포함된 값입니다.

☞ 소비세를 부가가치세라고 합니다. 이것은 한국에서도 시행되고 있습니다.

698. **Tragen Sie sich bitte hier ein.**
트라-겐 지- 짓히- 빗테 히-어 아-인
여기에 기입해 주십시오.

699. **Geben Sie mir bitte ein ruhiges Zimmer.**
게-벤 지- 미어 빗테 아인 루-이게스
씸마
조용한 방을 부탁합니다.

☞ 방안의 조용함을 나타내는데는 leise[라이제]

가 아니라, ruhig[루-잇히]를 씁니다.

700. Dieses Zimmer hat Blick auf den See.

이 방은 호수를 바라볼 수 있습니다.

701. Wunderbar, wann kann ich morgens frühstücken?

그건 됐어요. 아침식사는 몇시에 할 수 있습니까?

702. Ab sechs Uhr.

6시부터올시다.

703. Wo ist Ihr Gepäck?

당신짐은 어디에 있습니까?

704. Mein Gepäck ist noch im Wagen.

짐은 아직 차안에 있습니다.

705. Wo kann ich parken?

어디서 주차할 수 있습니까?

706. Der Parkplatz ist hinter dem Hotel.
데어 파르크플랏쓰 이스트 힌타 댐 호텔

주차장은 호텔의 뒷쪽입니다.

707. Ein Hotel ist mir zuteuer, ich gehe
아인 호텔 이스트 미어 쭈-토이아 이히 게-에

in die Jugendherberge.
인 디- 유-겐트헬벨게

호텔은 너무 비싸다. 나는 유스호스텔로 가겠소.

708. Hast du deinen Herbergsausweis
하스트 두 다이낸 헬벤그스아우스바이스

nicht dabei?
니히트 다-바이

유스호스텔의 회원증을 가지고 있지 않는가?

709. Doch, ich habe ihn.
돗호 이히 하-베 인-

아니, 가지고 있어.

☞ 708.의 질문에 대해서 가지고 있지 않을 때는, Nein, ich habe ihn nicht.[나인·잇히·하-베·니히트]로 대답합니다. 우리말로는「네, 가지고 있지 않습니다.」로 됩니다. 가지고 있을

때, 즉 부정의 물음을 부정할 때에는 Doch(아니오)로 대답합니다. Doch[돗호]가 붙으면, 대답의 내용은 긍정이 됩니다. 독일어의 부정의 질문에는 Nein[나인]이나, Doch[돗호]의 어느 것으로나 대답하게 되는데, 이상과 같이 우리말의 경우와 다르므로, 잘 주의해야 합니다.

강변에 넘치는 라인강의 물

19. 미용원·이발관에서의 관용적 표현

710. Was kann ich für Sie tun?
바스 칸 잇히 퓌어 지- 툰-

어서 오십시오.

711. Dauerwelle, bitte!
다우아-베레 빗테

퍼머를 부탁합니다.

712. Was kostet eine Dauerwelle?
바스 코스텟트 아이네 타우어벨레

퍼마는 얼마입니까?

713. Bitte, nicht zu kraus.
빗테 나이트 쭈- 크라우스

너무 곱슬곱슬하게 하지 마십시오.

714. Waschen, schneiden und fönen bitte.
밧센 슈나이덴 운트 회-넨 빗테

세발과 컷트와 드라이어를 부탁합니다.

715. Einfach waschen?
아인팟하 밧센

19. 미용원·이발관에서의 관용적 표현

세발은 보통으로 할까요?

716. Gegen Schuppen bitte.
게-겐 슈펜 빗테
비듬을 막도록 씻어 주십시오.

717. Ich möchte mir die Haare legen lassen.
이히 괴히테 미어 디- 하-레 레-겐
랏센
머리를 컷트해 주십시오.

718. Ich möchte meine Haare färben lassen.
잇히 뫼히테 마이네 하-레 펠벤
랏센
머리를 염색해 주세요.

719. Zeigen Sie mir bitte die Farbpalette.
싸이겐 지- 미어 빗테 디- 파-프파렛테
색의 견본을 보여 주십시오.

720. Sind Sie angemeldet?
진트 지- 안게멜뎃트
예약을 하셨습니까?

721. Haben Sie etwas Zeit?
하-벤 지- 에트바스 싸이트

시간 여유가 있습니까?

722. Dauert es lange?
다우엘트 애스 랑게
시간이 꽤 걸립니다.

723. Wie möchten Sie die Haare
비- 뫼히텐 지- 디- 하-레
geschnitten haben?
게슈닛텐 하-벤
어떤 머리형을 바라십니까?

724. Schneiden Sie mir die Haare kurz,
슈나이덴 지- 미어 디- 하-레 쿠르쓰
bitte.
빗테
머리를 짧게 잘라 주십시오.

725. Hinten etwas länger.
힌텐 에트바스 렝가-
뒤를 약간 길게!

726. Den Pony noch kürzer.
댄 포니 놋호 퀼싸-
앞머리를 더 짧게.

727. Mein Scheitel ist rechts.
마인 샤이텔 이스트 레히쓰

19. 미용원·이발관에서의 관용적 표현

가르마는 오른쪽 입니다.

728. Die Seiten zurück bitte.
디- 자이텐 쑤-룩크 빗테
양 옆을 돌려 주십시오.

729. Den Pony nicht zu kurz.
댄 포니 니히트 쑤- 쿨쓰
앞 머리는 너무 짧게 마십시오.

730. Ohne Festiger bitte.
오-네 페스티-가- 빗테
세토로션은 그만 두십시오.

731. Ist es so recht?
이스트 애스 조래히트
이렇게 하면 되었습니까?

732. Danke, das ist für Sie.
단케, 다스 이스트 퓌어- 지-
고맙습니다. 받아주십시오.

733. Haarschneiden, bitte!
할-슈나이댄 빗테
이발을 부탁합니다.

734. Den Scheitel trage ich links.
댄 샤이텔 트라-게 잇히 링크스

왼쪽을 갈라 주십시오.

735. Hinten kurz bitte.
힌텐 쿨쓰 빗테
뒤를 짧게.

736. Sie müssen leider etwas warten. Haben Sie Zeit?
지- 센 라이다 에트바스 발텐
하-벤 지- 싸이트
꽤 기다려야 하는데, 시간이 있습니까?

737. Es dauert ungefähr anderthalb Stunden.
애스 마우엘트 운게페-아 안델할프
슈툰덴
약 1시간 반이 걸립니다.

738. Das ist mir zu lange. Ich komme wieder.
다스 이스트 미어 쑤- 랑게 이히 콤메
비-다-
너무 오래 걸립니다. 다시 오겠습니다.

작별인사를 말하는 습관

독일사람이 쇼핑을 끝난 후에 Auf Wiedersehen[아우프·비-다-제-은] [안녕]이라고 말하고 나옵니다. 들어갈 때는 「구-텐·타-크」[안녕하세요]라고 말하는 것은 한국과 같으나, 「안녕」하고 상점을 나오는 습관은 한국에서는 그다지 찾아볼 수 없는 것 같습니다.

맥주의 적당한 온도

한국에서는 맥주를 냉장고에 넣어서 냉각시켜서 마시고 있으나, 독일에서는 보통 맥주는 케이스에 넣은 채로 지하실이나, 부엌의 어두운 구석에 둠으로 그대로 거기에서 가져다 마십니다. 밖의 기온이 아주 높은 경우를 제외하고는 일부러 냉각시켜서 마시지 않습니다. 그러므로 한국에 온 독일인이 레스토랑 등에서 차가운 맥주를 가져오면, 왜 이렇게 냉각시키느냐고 이상하게 생각합니다. 하긴 독일인도 미지근한 맥주는 싫어합니다. 맥주의 온도는 섭씨 $7°\sim8°$가 적당합니다.

20. 병들었을 때의 관용적 표현

739. Haben Sie einen Termin?
하-벤 지- 아이낸 텔미-은
예약을 하셨습니까?

740. Nein, aber ich habe Zahnschmerzen.
나인 아-바-이히 하-베 싸-은슈멜쩬
아니요. 하지만 이가 아픕니다.

741. Sie müssen leider etwas warten.
지- 쎈 라이다 에트바스 발텐
잠깐 기다려야 합니다.

742. Der nächste, bitte!
데어 네-히스테 빗테
다음 분, 어서.

743. Frau Kim, gehen Sie bitte ins Sprechzimmer.
프라우 김 게-엔 지- 빗테 인스
슈프렛히씸마-
김여사님, 진찰실로 들어오십시오.

20. 병들었을 때의 관용적 표현

744. Wo tut es denn weh?
보- 투-트 에스댄 베-
어디가 아프십니까?

745. Hier!
히-어
여기올시다. (손가락으로 가리킨다.)

746. Sagen Sie, wenn es weh tut.
자-겐 지- 벤 애스 베- 투-트
아픈곳에 닿으면 말해 주시오.

747. Ich muß bohren.
이히 무스 보-렌
이를 깎습니다.

748. Sie haben Karies.
지- 하-벤 카리에스
충치가 있습니다.
☞ 충치를 카리에스라고 합니다.

749. Sie haben eine Wurzelentzündung.
지- 하-벤 아이네 불첼엔트쑨둥그
치내염입니다.

750. Der Zahn muß gezogen werden.
데어 샤-은 무스 게쓰-겐 벨덴

이 이빨을 빼야 합니다.

751. Essen Sie drei Stunden lang nichts!
엣센 지- 드라이 슈툰댄 랑그 니히쓰
3시간은 아무것도 먹지 마십시오.

752. Nehmen Sie eine Tablette, wenn Sie Schmerzen haben.
네-맨 지- 아이네 타부렛테 벤 지-
슈멜쎈 하-벤
아프거든 1정을 복용해주십시오.

753. Lassen Sie sich einen neuen Termin geben.
랏센 지- 짓히 아이낸 노이앤 텔민
게-벤
다음 예약을 해주십시오.
☞ 의사가 환자에게 말하고, 환자는 창구에서 다음 예약을 합니다.

754. Paßt es Ihnen am Freitag?
파스트 애스 이-낸 암 프라이타-크
금요일은 어떻습니까?

755. Ja, um drei Uhr.
야- 움 드라이 우-어
네, 3시 같으면.

20. 병들었을 때의 관용적 표현

756. Mein Kind hat seit zwei Tagen hohes Fieber.
마인 킨트 핫트 자이트 쯔바이 타-겐
호헤스 피-바-

우리 아이가 2일전 부터 고열을 내고 있습니다.

757. Wie hoch ist das Fieber?
비- 호-호 이스트 다스 피-바-

몇도나 됩니까?

758. Neununddreißig Komma sechs.
노인운트드라이씻히 콤마- 쟄스

39도 6분입니다.

759. Mach bitte den Mund auf und sage Aa.
밋히 빗테 댄 문트 아우프 운트 자-게
아-

입을 벌리고, 아- 해주세요.

760. Es ist eine Mandelentzündung.
애스 이스트 아이네 만델엔트쭌둥그

편도선염 입니다.

761. Es ist eine Erkältung, Sie brauchen
애스 이스트 아이네 에아켈퉁그 지- 부라우헨

sich keine Sorgen zu machen.
짓히 카이네 졸겐 쑤-맛헨

감기입니다. 걱정할 필요는 없습니다.

762. **Hatte Ihr Kind schon Masern?**
핫테 이-어 칸트 숀- 마-젤은

당신 아이는 이전에 홍역을 앓은 적이 있습니까?

763. **Das Kind muß eine Woche im Bett bleiben.**
다스 킨트 무스 아이네 봇헤 임 벳트
부라이밴

이 아이는 1주일간 잠재워 주십시오.

764. **Ich verschreibe Ihnen Zäpfchen zur Fiebersenkung.**
이히 페아슈라이베 이-넨 셋프헨 쑤-
피-바-젠쿵그

해열제를 처방합니다.

765. **Ich verschreibe Ihnen ein Antibiotikum.**
이히 페아슈라이베 이-넨 아인
안티비오티쿰

항생물질을 처방합니다.

766. **Gehen Sie mit diesem Rezept in**
게-엔 지- 밋트 디-잼 레쎄프트 인

die Apotheke.
디- 아포테-케

이 처방전을 가지고 약방으로 가십시오.

767. **Dort bekommen Sie die Medizin.**
돌트 베콤맨   지- 디- 매디-씨-은

거기서 약을 얻을 수 있습니다.

768. **Ich habe mich erkältet.**
이히 하-베 밋히 에어켈탯트

나는 감기에 걸렸습니다.

769. **Ich habe Migräne.**
이히 하-베 미그레-네

편두통입니다.

770. **Ich habe starke Kopfschmerzen.**
이히 하-베 슈타르케 콥프후슈멜쎈

심한 두통입니다.

771. **Es friert mich.**
에스 프릴-트 밋히

한기가 듭니다.

772. **Ich habe überhaupt keinen Appetit.**
이히 하-베 위-바-하우프트 카이낸   아페티-트

전혀 식욕이 없습니다.

773. Mir ist übel.
미어 이스트 위-벨

구토기가 납니다.

☞ Es ist mir übel[에스·이스트·미-어·유-벨]의 Es[에스]를 생략하면 어순이 이렇게 됩니다.

774. Mir ist schwindelig.
미어 이스트 슈빈데릿히

현기증이 납니다.

775. Ich habe Durchfall.
이히 하-베 두르히팔

설사를 하고 있습니다.

776. Ich habe starke Schmerzen im Magen.
이히 하-베 스탈케 슈멜쎈 임 마-겐

위가 몹시 아픕니다.

777. Mein Magen ist nicht in Ordnung.
마인 마-겐 이스트 니히트 인 올드눙그

위의 상태가 좋지 않습니다.

778. Ich habe Ohrenschmerzen.
이히 하-베 오-렌슈멜쎈

귀가 아픕니다.

20. 병들었을 때의 관용적 표현

779. Ich habe Schmerzen im Rücken.
이히 하-베 슈멜쩬 임 륔켄

등에 통증을 느낍니다.

780. Ich habe Schmerzen am Herzen.
이히 하-베 슈멜쩬 암 헬쩬

심장 근처가 아픕니다.

781. Ich habe Fußweh.
이히 하-베 후-스베-

발이 아프다.

782. Meine Beine sind geschwollen.
마이네 바이네 진트 게슈볼렌

다리가 부어버렸습니다.

783. Ich kann schwer atmen.
이히 칸 슈배아 아-트멘

숨쉬기가 괴롭습니다.

784. Meine Periode ist sehr unregelmäßig.
마이네 페리오-데 이스트 재-아 운레겔메-싯히

생리가 아주 불규칙합니다.

785. Ich möchte eine Antibabypille
이히 뫼히테 아이네 안티-베비-피레

verschrieben haben.
페아슈리-벤 하-벤

피임약을 처방해 주십시오.

786. Ich glaube, ich bin schwanger.
이히 그라우베 이히 빈 슈방가-
임신하고 있지 않은가요.

787. Wann hatten Sie die letzte
반 핫텐 지- 디- 레쓰테
Regelblutung?
레겔부루-퉁그
마지막 생리는 언제 였든가요?

788. Machen Sie bitte den Oberkörper
맛헨 지- 빗테 댄 오-바-쾰-파-
frei!
프라이
상반신을 벗어 주십시오.

789. Atmen Sie tief!
아-트맨 지- 티-프
크게 숨을 쉬세요!

790. Wie ist es mit dem Stuhlgang?
비- 이스트 애스 밋트 댐 슈투-르강그
변통은 어떻습니까?

791. Tut es hier weh?
투-트 애스 히-어 베-

여기가 아픕니까?

792. Wir machen eine Röntgenaufnahme!
비어 맞헨 아이네 렌트겐아우프나-메
렌트겐 촬영을 합시다.

793. Wir messen den Blutdruck.
비어 멧센 댄 부루-트드룩크
혈압을 잽니다.

794. Ihr Blutdruck ist zu hoch.
이-어 부루-트드룩크 이스트 쑤- 호-호
혈압이 너무 높습니다.

795. Wir machen eine Blutuntersuchung.
비어 맞헨 아이네 부루-트 운타-주-홍그
혈액검사를 합시다.

796. Bringen Sie eine Urinprobe.
부링겐 지- 아이네 우라-은프로-베
오줌을 받아 오십시오.

797. In drei Tagen können Sie die
인 드라이 타-겐 넨 지- 디-
Ergebnisse erfahren.
에아게-프닛세 에아파-렌
3일후에 결과를 알게 됩니다.

178 독일어 회화

> ☞ 「3일후에」는 in drei Tagen[인·드라이·타―겐]이며, nach drei Tagen[나―하·드라이·타―겐]이라고 하지 않습니다.

798. Der Test ist ohne Befund.
데어 테스트 이스트 오-네베훈트

검사(의 결과)는 이상이 없습니다.
☞ 카르테에는 O.B.로 씌여집니다.

799. Ich muβ Sie ins Krankenhaus
이히 무스 지- 인스 크란켄하우스

einweisen.
아인바이젠

당신을 병원으로 보내야 합니다.

800. Ist hier jemand, der Korean isch
이스트 히-어 예-만트 데어 코리아- 닛슈

oder Englisch spricht?
오-다 앵그릿슈 슈프리히트

(병원에는) 누가 한국어나 영어를 하는 사람이 있습니까?

801. Bitte, sprechen Sie langsamer!
빗테 슈프렛헨 지- 렁그자-마

좀 더 천천히 말해 주십시오.

802. Hallo, bitte schicken Sie einen
하로- 빗테 슠켄 지- 아이낸

Notarzt.
노-트아-르쓰트
여보세요, 긴급 의사를 파견해 주십시오.

803. **Mein Mann ist ohnmächtig.**
마인 만 이스트 오-은메히티히
저의 남편이 의식불명입니다.
☞ Mein Mann ist bewußtlos[마인·만·이스트·베부스트로-스]와 같은 뜻이 됩니다.

804. **Hallo, bitte einen Krankenwagen.**
하로- 빗테 아이낸 크랑켄바-겐
여보세요, 구급차를 부탁합니다.

805. **Meine Frau hat sehr starke Wehen in**
마이네 프라우 핫트 제-아 슈타르케 베-엔 인
kurzen Abständen.
쿨쎈 아프슈텐덴
아내가 짧은 간격으로 진통을 일으키고 있습니다.

806. **Meine Adresse ist Hamburg 62**
마이네 아드렛세 이스트 함부르크
(zweiundsechzig), Pannsweg
쓰바이운트 재히씻히 판스베-크
31 (einunddreiβig).
아인운트드라이씻히
나의 주소는 함부르크 62, 판스베크 31번지

올시다.

807. Mein Name ist So.
마인 나-메 이스트 서

이름은 「서」올시다.

808. Hilfe! Rufen Sie einen Arzt.
힐페   루-펜   지- 아이낸 알쓰트

도와주세요, 의사를 불러 주세요.
☞ Hilfe[힐페]은 이와같이 교통사고의 현장등에서 구원을 요구할 때에도 씁니다.

809. Rufen Sie einen Unfallwagen!
루-펜   지-   아이낸   운팔바-겐

구급차를 불러 주세요!

병동의 티타임, 환자들도 커피를 마신다.

21. 은행에서의 관용적 표현

814. Ich habe einen Reisepaß.
이히 하-베 아이낸 라이제파스

여권을 가지고 있는데요.

815. Wie steht der Kurs heute?
비- 슈테-트 데어 쿠르스 호이테

오늘의 시세는?

816. Eine D-Mark ist sechsundachtzig.
아이네 데-마르크 이스트 젝스운트아하트쎗히

1마르크가 원입니다.
☞ 1990년 현재의 시세올시다.

817. Geben Sie mir fünfhundert DM in
게-벤 지- 미어 퓐프푼댈트 데엠 인

großen Scheinen und den Rest in
그로-벤 샤이넨 운트 댄 레스트 인

Zwanzigmarkscheinen bitte.
쓰반쓰히마르크샤이낸 빗테

500마르크 분은 큰 지폐로 나머지는 20마르크 지폐로 부탁합니다.
☞ 고액지폐로는 100마르크가 가장 많이 나돌고 있습니다. 지폐는 위에서 차례로 500, 100, 50, 20, 10마르크가 있습니다.

818. Können Sie mir zehn Mark in
넨 지- 미어 쎈- 마르크 인

Kleingeld (Münzen) umtauschen?
크라인게르트 뮌쩬 움타우쎈
10마르크를 잔돈(경화)으로 바꿀 수 있을까요?

819. **Ich möchte ein Konto eröffnen.**
이히 뮈히테 아인 콘토- 에아외프넨
구좌를 개설하고 싶은데요.

820. **Ein Girokonto oder ein Sparkonto?**
아인 지-로콘토- 오-다 아인 슈파-르콘토-
대체구좌입니까? 예금구좌입니까?

821. **Was ist ein Girokonto?**
바스 이스트 아인 지-로콘토-
대체구좌는 어떤 구좌입니까?

822. **Ein Girokonto ist günstig für den**
아인 지-로콘토- 이스트 귄스틱히 퓌어 댄
Zahlungsverkehr.
짜-룽그스 페아케-르
대체구좌가 있으면 지불에 편리합니다.

823. **Sie bekommen ein Scheckheft.**
지- 베콤맨 아인 섹크헤프트
한 권의 수표장이 당신에게 수교됩니다.

21. 은행에서의 관용적 표현

824. Mit den Schecks können Sie vieles bargeldlos bezahlen.
밋트 댄 쉑크스 넨 지- 피-레스
바-르겔트로-스베싸-렌
그 수표로 많은 지불을 현금없이 할 수 있습니다.

825. Ich kann also Gas, Telefon,
이히 칸 알조- 가스 텔레폰-
Miete usw. bargeldlos bezahlen.
미-테 운트·조-바이타- 바-르겔트로-스 베싸-렌
그럼, 가스·전화·집세 등도 현금없이 지불할 수 있군요.
☞ USW.(등등)은 und so weiter의 약호이며, 라틴어 et cetra(etc.)를 독일어로 번역할 것입니다.

826. Ja, das stimmt, aber Sie bekommen
야- 다스 슈팀트 아-바-지- 베콤맨
auf Ihr Guthaben keine Zinsen.
아우프이-러 구-트하-벤 카이네 씬젠
그렇습니다. 단 예금 잔고에 이자가 붙지 않습니다.

827. Sie können Ihr Gehalt auf Ihr
지- 낸 이-러 게할트 아우프 이-어
Girokonto überweisen lassen.
지-로콘도- 위-바-바이겐 랏센
당신은 급료를 대체구좌로 불입할 수도 있

습니다.

828. **Sie Können sogar von Korea aus auf**
지- 켄넨   조가-르 폰   코리아 아쓰 아우프
dieses Konto Geld überweisen.
디-재스 콘토- 겔트 위-바바이젠
한국으로부터 이 구좌에 돈을 불입할 수 있습니다.

829. **Ich möchte Geld abheben.**
이히 뫼히테   갤트   앗프헤벤
돈을 찾고 싶습니다.

830. **Ich möchte Geld einzahlen.**
이히 뫼히테   갤트   아인싸-렌
예금을 하고 싶은데요.

831. **Ich möchte Geld überweisen.**
이히 뫼히테   갤트   위-바이젠
돈 불입을 부탁합니다.

832. **Was ist ein Sparkonto?**
바스   이스트 아인 슈팔콘토-
예금구좌란 어떤 구좌입니까?

833. **Ein Sparkonto ist hauptsächlich zum**
아인 슈팔콘토-   이스트 하우프트잿히릿히 쭘

Sparen da.
슈파-렌 다-

예금구좌는 주로 저축용입니다.

834. **Sie bekommen Zinsen.**
지- 베콤맨 씬젠

이자가 붙습니다.

835. **Sie dürfen aber nur**
지- 뒬펜 아-바-누-어

DM 2000(zweitausendMark) pro
데엠 쓰바이타우젠트마르크 프로

Monat abheben.
모-나-트앗프헤-벤

그러나 1개월에 2,000마르크 밖에 찾을 수 없습니다.

836. **Sonnabends und sonntags sind alle**
존아-벤쓰 운트 존타-크스 진트 알레

Banken geschlossen.
반켄 게슈롯센

토요일과 일요일은 어느 은행도 닫혀져 있습니다.

22. 우체국에서의 관용적 표현

837. Wie teuer ist ein Brief nach Korea?
비- 토이아- 이스트 아인부리-프 나하 코리아

한국으로 보내는 편지는 얼마입니까?

838. Fragen Sie bei der post.
프라-겐 지- 바이 데어 포스트

우체국에 문의하십시오.

839. Was kostet ein Luftpostbrief nach Korea?
바스 코스텟트 아인 루프트포스트부리-프 나-하 코리아

한국으로 보내는 항공편 요금은 얼마입니까?

840. Das geht nach Gewicht.
다스 게-트 나-하 게비히트

무게에 따라서 다릅니다.

841. Dieser Brief kostet eine mark achzig.
디-자- 부리-프 코스텟트 아이네 마르크 아하트씻히

이 편지는 1마르크 80입니다.

842. Das Porto für eine Postkarte
다스 포르토- 퓌어 아이네 포스트칼테

ist eine Mark.
이스트 아이네마르크

엽서요금은 1마르크 입니다.

843. Kann ich bei Ihnen Briefmarken
칸 이히 바이 이-넨 부리-프칸루켄

bekommen?
베콤맨

우표를 주시겠습니까?

844. Gehen Sie zum Schalter nebenan.
게-엔 지-쭘 샤르타- 네-벤안

옆창구로 가십시오.

845. Ich möchte zehn Briefmarken zu
이히 뫼히테 쩬- 부리-프마르켄 쑤-

achtzig Pfennig und zehn
아하트씻히 페닛히 운트 쩬-

zu sechzig, bitte.
쑤-재해씻히 빗테

80페니히 우표 10매와 60페니히 우표 10매를 주십시오.

☞ Pfennig는 독일 통화의 최소단위이며, 1페닛히 는 100분의 1마르크 입니다.

846. Haben Sie Sonderbriefmarken?
하-벤 지- 존다-부리-프말켄

기념우표가 있습니까?

847. Geben Sie mir eine Quittung.
게-벤 지- 미어 아이네 쿠빗퉁그

영수증을 주십시오.

☞ eine auittung[아이네·쿠빗퉁그]대신에, einen βeleg[아이넨·베레-크]도 씁니다.

848. Kann ich das als Drucksache schicken?
칸 이히 다스 아르스 드룩크잣헤 쉭켄

이것을 인쇄물로써 보낼 수 있습니까?

849. Ja, wenn kein Brief dabei ist.
야- 벤 카인 부리-프 다바 이스트

네, 편지가 들어있지 않으면.

850. Bitte, den Umschlag offenlassen.
빗테 댄 움슈라-크 옷펜랏센

봉을 하지 마십시오.

851. Das Höchstgewicht für ein Paket auf
다스 훽-히스트게비히트 퓌어 아인 파케-트 아우프

dem Seeweg ist zehn Kilogramm.
댐   제-베크 이스트 쩬- 키로그람
선편 우편 소모의 중량 제한은 10킬로그램
입니다.

852. **Wenn es nur Bücher sind, ist es**
벤   애스누어 붓-히아- 진트   이스트 애스
billiger.
바리가-
책이면, 요금이 적어 보다 싸집니다.

853. **Das Höchstgewicht für Bücher ist fünf**
다스 회-히스트게비히트 퓌어   히아 이스트 퓐프
Kilogramm.
키로그람
서적 소포는 최대 5킬로까지입니다.

854. **Die Adresse kann auf koreanisch**
디- 아드렛세   칸   아우프 코리아-닛슈
geschrieben werden.
게슈리-벤   벨댄
주소는 한글로 써도 좋습니다.

855. **Nur das Land(Korea) muß in**
누-어 다스 란트   무스 인
lateinischer Schrift sein.
라타이닛샤-   슈리프트 자인
다만 국명만은 로마글자로 씁니다.

우체국

856. Dies ist ein Einschreibebrief.
디-스 이스트 아인 아인슈라이베부리-프

등기로 부탁합니다.

857. Ich möchte diesen Brief per Expreß schicken.
이히 뫼히테 디-젠 부리-프 펠 에크스프래스 식켄

이 편지를 속달로 부탁합니다.

858. Ich möchte nach Seoul telefonieren.
이히 뫼 나-하 테레포니-렌

서울로 전화하고 싶습니다만.

859. Gehen Sie in Zelle eins.
게-엔 지- 인 쩨레 아인스

1번박스로 가십시오.

860. Ich möchte ein Telegramm aufgeben.
이히 뫼히테 아인 테레그람 아우프게-벤

전보를 치고 싶은데요.

861. Schreiben Sie hier den Text.
슈라이벤 지- 히-어 댄 텍스트

여기에 전문을 써 주십시오.

862. Sie können auch auf koreanisch
지- 넨 나-하 아우프 코리아-닛슈

schreiben.
슈라이벤

한국어로도 쓸 수 있습니다(로마 글자라면).

● **우편대체 용지의 읽는법과 쓰는 법**

우체국에도 은행과 같이, 대체계좌와 예금계좌가 있습니다. 우편대체계좌(Postgirokonto)를 개선하면, 우편계좌(Postüberweisung)용의 수첩(거의 은행의 수표장에 해당함)과 우편대체계좌용 봉투

(Postgirobrief)가 수교 됩니다. 견본의 경우는 우편 대체 계좌번호(Postgirokonto Nr.) 가302773-507의 대체용지가 되는 것입니다. 해당계좌에 잔고가 있는 한, 여러가지 지불은 현금 없이 행해집니다. 여기에 표시한 것은 1991년 5월분의 집세를 지불할 때의 기입 견본입니다. 이것을 먼저 받은 봉투(송료는 무료)에 넣어서 우편함에 넣으면, 나머지 작업은 우체국에서 처리합니다.

① 본인 보관용 ② 수취인(지불선)용 ③ 우체국용

23. 스포츠의 관용적 표현

863. Kommst du mit?
콤스트 두 밋트
함께 가지 않겠느냐?
☞ 이것은 친한 사이(사람)의 표현이며, 정중하게 말하는 경향의 경우에는 Kommen Sie mit?
[콤멘·지-밋트]도 됩니다.

864. Wohin denn?
보-힌 댄
어디로?

865. Wir gehen zum Schwimmen.
비어 게-엔 쭘- 슈빔멘
수영하러 갈려고 한다.

866. Wie kommen wir dorthin?
비- 콤맨 비어 돌트힌
거기까지 무엇으로 가지?

867. Mit dem Fahrrad ist es am
밋트 댐 파-라-트 이스트 애쌈
schnellsten.
슈넬스텐

자전거로 가는 것이 제일 빠르지.

868. **Prima, ich fahre gerne Rad.**
프리-마- 이히 파-레 게르네 라-트
프리-마, 자전거는 좋아하거든.
☞ 프리-마는 원래 라틴어이나, 「멋진」의 뜻으로 아이들 사이에서 자주 쓰여집니다.

869. **Pack deine Badehose ein, wir wollen gleich los.**
팍크 다이네 바-데호-제 아인 비어 볼렌
그라이히 로-스
수영팬티를 가져오게. 곧 출발이다.

870. **Die Eintrittskarte ins Freibad kostet eine Mark.**
디- 아인트릿쓰칼테 인스 프라바-트 코스텐트
아이네 마르크
옥외풀의 입장권은 1마르크이다.

871. **Hier sind die Umkleidekabinen und dort die Schließfächer.**
히-어 진트 디- 움크라이데카비-넨 운트
돌트 디- 슈리-스페히아-
여기가 탈의실, 저것이 코인로커이다.

872. **Gut, treffen wir uns bei der**
구-트 트렛펜 비어 운스 바이 데어

Imbiβstube.
임비스슈투-베

알았어, 스낵에서 만나자.

873. **Der Sprungturm ist 10 Meter hoch.**
데어 슈프룽크투름 이스트 쎈- 메-타- 호-호

도약대의 높이는 10m이다.

874. **Und das Becken 5 Meter tief.**
운트 다스 벡켄 퓔프 메-타-티-프

풀의 수심은 5미터.

875. **Dieses Schwimmbecken ist zwei meter**
디-재스 슈빔백캔 이스트 쓰바이 메-타

tief und fünfundzwanzig Meterlang.
티-프운트 퓐운트쓰반씻히 메-타-랑그

이 풀은 길이 25m, 길이 2m이다.

876. **Dort drüben siehst du das**
돌트 두류-벤 지-스트 두- 다스

Nichtschwimmerbecken und das
니히트슈빔마-백캔 운트 다스

Planschbecken.
프란슈벡켄

저기에 헤엄치지 못하는 사람의 풀과 육아용 풀이 있다.

877. **Los, mit einem Kopfsprung ins**
로-스 밋트 아이냄 콥프호슈프룽그 인스

Wasser !
밧싸

자아, 머리부터 뛰어 들어야해 !

878. **Nicht so schnell, ich habe noch keine**
니히트 조- 슈넬 이히 하-베 노호 카이네
Gymnastik gemacht.
김나-슈티-크 게아하트

그렇게 서둘지 마라. 아직 준비운동이 끝나지 않았다.

879. **Nur der koreaner macht vor dem**
누-어 데어 코리아-나 마하트 포아 댐
Schwimmen Gymnastik !
슈빔맨 김나-슈티-크

수영전에 준비운동을 하는 것은 한국사람 뿐이야.

880. **Das stimmt, das ist unsere**
다스 슈팀트 다스 이스트 우제래
Gewohnheit.
게보-은하이트

그럼, 그건 습관이거든.

881. **Kommst du mit zum**
콤스트 두- 밋트 쯤-
Schlittschuhlaufen ?
슈렛트슈-라우펜

함께 스케이팅하러 갈까?

882. **Nein, ich habe keine Lust.**
나인 이히 하-베 카이네 루스트

아니야, 그럴 생각이 없어.

☞ 젊은 사람들 사이에서는 882.의 속어적 표현인 Ich habe keinen Bock[잇히·하-베·카이넨·북크], 또는 Ich habe Null Bock[잇히·하-베·눌·복크]가 자주 쓰여집니다.

883. **Ich habe auch keine**
이히 하-베 아우후 카이네

Schlittschuhe.
슈릿트류-에

더우기 스케이트화도 없거든.

884. **Die kann man sich dort leihen.**
디- 칸 만 짓히 돌트 라이헨

그것은 거기서 빌릴 수 있어.

885. **Nein, ich habe wirklich keine Lust.**
나인 이히 하-베 빌크릿히 카이네 루스트

가지 않겠어, 참으로 가고 싶지 않아요.

886. **In Deutschland sieht und spielt man**
인 도이취란트   지-트 운트 슈피-르트 만

gern Fußball.
게른 후-스발

독일사람은 사커를 보거나 하기를 좋아한다.

887. **Heute spielt der erste FC Köln gegen den HSV.**
_{호이테 슈필-트 데어 에이스테 에프쎄 쾨른 제겐 댄 하-에스파-}

오늘은 I.FC쾨른과 HSV(함부그스포츠구라브)의 시합이 있거든.

☞ 양쪽 모두 프로축구 연맹 Bundesliga[분데스리-가]소속의 팀이며, 쾨른시와 함부르크시를 대표하는 명문팀입니다.

888. **Das möchte ich sehen.**
_{다스 뫼히테 이히 제-엔}

그 시합을 보고 싶은데.

889. **Nehmen wir einen Stehplatz oder einen Tribünenplatz?**
_{네-맨 비어 아이낸 슈테-프랏쓰 오-다-아이낸 트리뷰-낸프랏쓰}

입석으로 할거냐, 그렇지 않으면 관람석?

890. **Ein Stehplatz hat mehr Atmosphäre, aber ein Tribünenplatz ist bequemer.**
_{아인 슈테-프랏쓰 핫트 매-어 아트모스-페-레 아-바-아인 트리뷔-낸프랏쓰 이스트 베쿠베-아-}

입석은 분위기를 맛보기는 좋으나, 관람석이 쾌적이야.

891. Nehmen wir Stehplätze bei den Schlachtenbummlern, das ist billiger.
네-맨 비어 슈테-프렛쩨 바이 댄 슈라하텐붐테케른 다스 이스트 비리가-

우리는 응원단이 있는 입석으로 하자. 그것이 싸거든.

892. Ist Otto da?
이스트 오토-다-

오토는 있는가? (문앞에서)

893. Geh ins Kinderzimmer.
게- 인스 퀸다-씸마-

아기방으로 가봐라.

894. Kann ich mit Hans spielen?
칸 이히 밋트 한스 슈피-렌

한스와 놀 수 있을까?

895. Wo wollt ihr denn hin?
보- 볼트 이-어 댄 힌

너희들은 어디로 갈 생각이냐?

896. Auf den Spielplatz.
아우프 댄 슈필프랏쓰

놀이터요.

897. Nimm den Fußball mit.
님   댄   훗-스발   밋트
사커볼을 가지고 가라.

898. Kann ich auch mitspielen?
칸   이히 아우후 2밋트슈피-랜
나도 넣어줘요.

899. Du bist noch zu klein.
두-비스트 놋호 쑤- 크라인
너는 너무 작단말이야

독일인과 스포츠

독일인이 산책을 좋아하는 것은 세계적으로 유명하지만, 스포츠를 아주 좋아하는 국민이다. 그 열광도는 우리나라의 축구나 권투를 훨씬 윗도는 느낌이 들 것입니다.

여기서는 사커(아식축구)의 분데스리그(聯邦聯盟)에 대해서 설명하기로 합니다. 이것은 현재 18팀으로 구성된 프로축구의 1부 연방(聯邦)리그를 말하지만, 각 팀이 출신지역의 대표라는 성격을 띠고 있습니다. 즉 각 도시에 본거지를 두고 있습니다. 이 밖에 2부 연방(聯邦)리그의 20개의 프로팀도 있습니다. 분데스리그가 생긴것은 1963년 8월24일이며, 그후 독일선수권은 시즌이 끝났을 때 가장 많은 점수(승점)을 획득한 팀에게 자동적으로 주어지게 됩니다.

분데스리그의 인기있는 선수가 되면 그야말로 대단한 것이며, 영화스타나 가수 이상으로 환영을 받습니다. 또한 분데스리그가 명실공히 그룹스포츠의 정점에 위치하고 있으며, 그것을 뒷받침하고 있는 것을 독일 전 국토안에 있는

크고 작은 많은 사커 그룹입니다. 회원 총수는 약 500만명 이라고도 합니다. 그러므로 아무리 작은 도시나 마을에서도 골포스트를 볼 수 있습니다.

대도시에는 6만명에서 8만명을 수용할 수 있는 대 사커스터디움도 있습니다. 단 이것은 입석의 인원수를 포함한 수용인원 입니다.

스포츠

24. 학교생활의 관용적 표현

900. Gehst du in die Schule?
게-스트 두- 인 다- 유-레
학교에 다니고 있는가?

901. Ja, ich gehe in die Hauptschule.
야- 이히 게-에 인 다 하우푸트슈-레
네, 하우프트슈레에 다니고 있습니다.

902. Um wieviel Uhr fängt die Schule an?
움 비-필- 우-어 팽그트 디-
슈-레 안
학교는 몇시에 시작하느냐?

903. Sie fängt meistens um acht Uhr an.
지- 팽그트 마이스텐스 움 아하트 우-어 안
보통 8시에 시작합니다.
☞ Sie[지-]는 앞의 902.의 die Schule[디-·슈-레]를 받는 대명사 입니다.

904. Was macht ihr in den Pausen?
바스 마하트 이-어 인 댄 파우젠
너희들은 휴식시간에 무엇을 하지?

905. Wir essen unsere Butterbrote und gehen auf den Schulhof.
비어 엣센 운제레 붓타-부로-테 운트
게-엔 아우프 댄 슈-르호-프
우리는 샌드위치를 먹기도 하고, 교정으로 나가기도 합니다.

906. Hast du eine Lehrerin oder einen Lehrer?
하스트 두- 아이네 레-러린 오-다
아이넨 레-라-
여선생이 가르치느냐, 그렇지 않으면 남자선생이냐?

907. Ich habe eine Lehrerin.
이히 하-베 아이네 레-라-린
여선생님입니다.

908. Wie heißt eure Klassenlehrerin?
비- 하이스트 오이레 크랏센레-라린
너희들 담임선생님 이름은?

909. Frau Sacher.
프라우 잣하-
잣하선생입니다.

910. Hast du heute Schulaufgaben
하스트 두- 호이테 슈-르아우프가-벤

24. 학교생활의 관용적 표현

auf ?
오우프
오늘은 숙제가 있느냐 ?

911. **Ja, ziemlich viel.**
야- 씨-므릿히 필-
네, 꽤 많습니다.

912. **Lern fleißig !**
레른 프라이싯히
열심히 공부해라.

913. **Das Mädchen lernt gut.**
다스 메-드헨 레른트 구-트
저 소녀는 공부를 잘합니다.

914. **Der Junge ist begabt.**
데어 융게 이스트 배가-프트
저 소년은 수재입니다.

915. **Ich mag gern Mathe.**
이히 마-크 게른 마테
나는 산수를 좋아합니다.
☞ 마테는 Mathematik[마테마티-크]를 생략한 표현입니다.

916. **Mathematik ist seine Stärke.**
마테마티-크 이스트 지이네 슈테르케

산수는 그가 잘하는 과목입니다.

917. Unsere Tochter mag sehr gern Kunst.
운재레 토홋타 마-크 재-어 게른 콘스트
우리 딸은 미술을 좋아한다.

918. In der Grundschule gibt es Religionsunterricht.
인 데어 그룬트슈-레 기-프트 에스 레리기온스운타-리히트
국민학교에는 종교 시간이 있습니다.

919. Katholische und evangelische Kinder lernen getrennt.
카토-릿세 운트 에반게-리세 킨다- 레르넨 게트렌트
가톨릭과 프로테스탄트의 아이들은 따로 수업을 받습니다.

920. Wie ist es bei einem koreanischen Kind?
비- 이스트 애스 바이 아이넴 코리아-닛센 킨트
한국아이들은 어떠 한가요?

921. Der Religionsunterricht ist freiwillig.
데어 레리기온-스운타리히트 이스트 후라이비릿히

종교의 수업은 강제로 하지 않습니다.

922. Ein ausländisches Kind braucht nicht unbedingt daran teilzunehmen.
아인 아우스랜디세스 킨트 브라우하트 니히트 운베딩그트 다란 타일쭈-네-멘

외국인 아이는 무리해서 받을 필요는 없습니다.

923. Für die Stunde kann es frei haben.
퓌어 디- 슈툰데 칸 애스 프라이 하-벤

그 시간은 자유롭게 됩니다.

924. Nächste Woche ist Elternabend.
네-히스테 봇헤 이스트 엘테른아-벤트

내주에 학부형 회의가 있다.

☞ PTA에 해당하는 엔텔아-벤트(부모회)입니다. 밤에 모임을 갖기 때문에 Eltern(양친)의 Abend(밤)이란 명칭이 생긴 것입니다.

925. Was studieren Sie?
바스 슈튜디-렌 지-

대학에서 무엇을 공부하고 있는가요?

☞ 같은 공부일지라도, 대학생은 lernen[레르넨]이 아니라, studieren[슈트디-렌]을 씁니다.

926. Ich studiere Jura.
이히 슈티디-제 유-라-

법률을 전공하고 있습니다.
☞ Jura는 Rechtswissenschaft[레히쯔빗쎈샤프트]라고도
합니다.

927. Wie lange studieren
비- 랑게 슈트디-렌

Sie schon?
지- 숀-

벌써 어느정도 오랫동안 공부하고 있는가요?

928. Acht Semester.
아하트 제메스타-

8학기 입니다.
☞ 독일의 대학은 제메스타 제도를 채택하고 있습니다.
Wintersemester[빈타-제메스타-](겨울학기),
Sommersemester[존마-제메스타-](여름학기)로 1년을 양분하여 씁니다. 8제메스타-는 4년간입니다.

929. haben Sie ein Stipendium?
하-벤 지- 아인 슈티펜디움

장학금을 받고 있습니까?

930. Ja, ich habe das DAAD Stipendium.
야- 이히 하-베 다스 데-아-아-데- 슈티펜디움
네, 독일학술교류회의 것을 받고 있습니다.

931. Wo liest Professor Krause?
보- 리-스트 푸로펫솔 크라우제
크라우제 교수의 강의는 어디서 합니까?

932. Im Hörsaal 302(dreihundertzwei).
임 회-르자-르 드라이훈댈트쓰바이
302번 교실입니다.

933. Dir Vorlesung beginnt in zehn
디- 포어레-룽그 베긴트 인 쩬-
Minuten.
미누-텐
강의는 앞으로 10분이면 시작합니다.

934. Gehen wir hinterher in die Mensa?
게-엔 비어 틴타-해어 인 디- 멘자-
나중에 학생식당으로 갑시다.
☞ Mensa[멘자]는 라틴어로 원뜻은 「책상」이지만, 지금은 전화되어 학생식당을 뜻하게 된 것입니다.

935. **Abgemacht.**
압프게마하트
좋습니다.

936. **Wollen Sie promovieren?**
볼렌 지- 푸로모비-렌
학위를 딸 생각입니까?

937. **Ja, ich schreibe schon meine**
야- 이히 슈라이베 숀 마이네
Doktorarbeit.
독토르알바이트
네, 이미 박사논문을 쓰고 있습니다.

938. **Was sind Ihre Nebenfächer?**
바스 진트 이-레 네-벤펫히아-
부전공과목은 무엇을 하고 있습니까?

939. **Politologie und**
포리토로기- 운트
정치학과 역사입니다.

25. 관공서에서의 관용적 표현

940. **Wo ist das Rathaus?**
보- 이스트 다스 라-트하우스

시청은 어디에 있습니까?

> ☞ 시청의 호칭은 Rathaus이지만, 단지 관공서인 경우에는 다음과 같은 표현이 있습니다. 뉴앙스는 지구의 관공서라는 느낌입니다. 어느 관공서에서도 주민등록등의 업무를 취급하고 있습니다.
>
> Wo ist das Einwohnermedeamt? [보-・이스트・다스・아인보-나-메르데암트]
>
> Wo ist das Bezirksamt? [보-・이스트・다스・베씨루크스암트]
>
> Wo ist das Ortsamt? [보-・이스트・오르쯔암트]

941. **Für einen langen Aufenthalt**
퓌-어 아이넨 랑겐 아우프엔트할트

in Deutschland muß man sich
인 도이취란트 무스 만 짓히

beim Bezirksamt anmelden.
바임 베씰크스암트 안멜덴

독일에서 장기체류하는 경우에는, 시청에 신고해야 합니다.

214 독일어 회화

942. Man bekommt dabei keine Aufenthaltserlaubnis ohne Visum.
만 베콤트 다-바 카이네
아우프엔트할쓰에어카우프니스 오-세 비-줌

그때, 여권이 없으면 체재허가를 받지 못합니다.

943. Schreiben Sie hier Ihren Namen und Ihre Anschrift.
슈타이벤 지- 히-어 이-렌 나-멘 운트
이-레 안슈리프트

여기에 당신의 이름과 주소를 써 주십시오.

944. Wie ist Ihre Staatsangehörigkeit?
비- 이스트 이-레 슈타-쓰안게릿히카이트

당신의 국적은?
☞ 국적은 Nationalität[나씨오나리테-트]를 써도 무방합니다.

945. Ich bin Koreaner.
이히 빈 코리아-나

한국인입니다.

946. Zeingen Sie Ihren Paβ.
씨이겐 지- 이-렌 파스

여권을 보여 주십시오.

25. 관공서에서의 관용적 표현

948. **Wann sind Sie in Deutschland angekommen?**

언제 독일에 왔습니까?

948. **Wie lange wollen Sie in Deutschland bleiben?**

얼마동안 독일에 체재하십니까?

949. **Etwa ein Jahr.**

약 1년 입니다.

950. **Als Tourist braucht man kein Visum, aber darf nicht länger als drei Monate bleiben.**

여행자 같으면 사증은 필요 없으나 3개월 이상은 머무를 수 없습니다.

951. **Unterschreiben Sie bitte.**

서명해 주십시오.

952. Der Hauseigentümer muβ hier unterschreiben.
데어 하우스아이겐튀-마 무스 히-어
운타슈라이벤

여기에 호주의 서명이 필요합니다.

953. Wo ist die Polizei?
보- 이스트 디-포리싸이

경찰서는 어디에 있습니까?

954. Mein Portemonaie ist gestohlen worden.
마인 폴테모네- 이스트 게슈토-렌
볼덴

지갑을 도난 당했습니다.

955. Wo ist das Fundbüro?
보- 이스트 다스 훈트뷰로-

유실물 보관소는 어디에 있습니까?

956. Wann haben Sie die Tasche verloren?
반 하-벤 지- 디- 탓세
페아로-렌

언제 핸드백을 잊었습니까?

957. Heute um zehn Uhr in der Linie
호이테 움 쎈- 우어 인 데아 리-니에

neun.
노인

오늘 10시, 9번선의 전차 안입니다.

958. **Wie sieht die Tasche aus?**
비- 지-트 디- 탓세 아우스

핸드백의 겉모양은?

959. **Es ist eine braune Damentasche**
애스 이스트 아이네 부라우네 다-멘탓세

zum Umhängen.
쭘- 움헹겐

자색의 부인용으로 걸처메는 것입니다.

960. **Beschreiben Sie den Inhalt.**
베슈라이벤 지- 덴 인할트

안에 들어있는 것을 말씀해 주십시오.

961. **Was ist drin?**
바스 이스트 드린

안에는 무엇이…?

962. **Ein Portemonaie mit ca. DM 200**
아인 폴테모나이데 밋트 쎌라-

(circa zweihundert Mark) und
씰카- 쯔바이훈델트 마르크 운트

mein Reisepaß.
마인 라라이제파스

약 200마르크가 든 지갑과 여권입니다.

963. **Den Verlust der Kreditkarten müssen Sie sofort melden.**
덴 페아루스트 데어 크레딧카텐 쎈 지- 조폴트 멜덴

크레디트카드의 분실은 곧 신고할 필요가 있습니다.

964. **Wir haben nichts gefunden.**
비어 하-벤 니히쓰 게푼덴

아무것도 찾지 못하고 있습니다.

965. **Ich kann Ihnen leider nicht helfen.**
이히 캔 이-넨 라이다- 니히트 헬펜

섭섭하지만 도움이 되지 못합니다.

966. **Kommen Sie morgen noch einmal wieder.**
콤맨 지- 모르겐 노흐 아인말- 비-다-

내일 다시 한번 와주십시오.

967. **Ich möchte mich beschweren.**
이히 뫼히테 믿히 베슈베-렌

불편을 신고하고자 합니다.

25. 관공서에서의 관용적 표현

968. Vor meiner Einfahrt parkt ein Wagen.
포아 마이나 아인팔트 팔크트 아인 바-겐
저의 집 출입구에 차가 서있습니다.

969. Ich möchte eine Anzeige
이히 뫼히테 아이네 안싸이게
erstatten.
에아슈탓텐
도난계를 내고 싶습니다.

970. In meinen Wagen ist eingebrochen
인 마이넨 바-겐 이스트 아인게푸롯헨
worden.
볼덴
차문이 비틀어 열어 졌습니다.

971. Ich möchte eine Aussage
잇히 뫼히테 아이네 아우스자-게
machen.
밋헨
공술하고저 합니다.

26. 전세방 찾을때의 관용적 표현

972. Ich suche ein Zimmer.
이히 주-헤 아인 씸마
방을 찾고 있습니다.

973. Soll es möbliert sein?
졸 애스뫼부리-르트 자인
가구가 붙어 있습니까?

974. Ja, ein möbliertes Zimmer.
야- 아인 뫼빌-테스 씸마
네, 가구가 있는 방입니다.

975. Dieses Zimmer in der Altbauwohnung ist günsting.
이-제스 씸마 인 데어 알트바우보-눙그
이스트 귄스팃히
이 낡은 건물의 방은 각별히 쌉니다.

976. Es liegt auch zentral.
애스 리-프트 아우후 쎈트콰-르
더우기 중심지에 위치하고 있습니다.

26. 전세방 찾을때의 관용적 표현

977. Hat das Zimmer Zentralheizung?
핫트 다스 씸마 트라-르하이쑹그
그 방은 난방이 되어 있습니까?

978. Ja, die Miete ist inklusive Heizung.
야- 디- 미-테 이스트 인크루지베 하이쑹그
네, 집세에는 난방비도 포함되어 있습니다.

979. Das Badezimmer wird gemeinsam benutzt.
다스 바-데씸마 빌트
게마인잠 베누쓰트
목욕탕은 공용입니다.

980. Auch eine Kochgelegenheit ist dort.
아우후 아이네 콧호게레겐하이트 이스트 돌트
거기서는 요리도 할 수 있습니다.

981. Ich möchte das Zimmer besichtigen.
인히 뫼히테 다스 씸마
베지히티겐
그 방을 실제로 보고 싶습니다.

982. Wo wohnen Sie hier in Berlin?
보- 보-넨 지- 히-어 인 베아린-
당신들은 이곳 베를린의 어디에 살고 있습니까?

983. In Steglitz in einer Mietwohnung.
슈테크릿츠의 아파트 입니다.

984. Haben Sie einen Mietvertrag abgeschlossen?
임대계약은 했습니까?

985. Ja, wir haben einen Vertrag unterschrieben.
네, 우리는 계약서에 서명했습니다.

986. Wie hoch war der Baukostenzuschuß?
건축부금은 얼마였든가요?

987. Wir brauchten keinen Baukostenzuschuß zu zahlen.
우리는 건축부금이 필요치 않았습니다.

988. Dafür aber eine Kaution von zwei

Monaten.
모-나텐

그대신, 2개월분의 보증금(을 지불했습니다.)

989. **Wie lang ist die Kündigungsfrist?**
비- 랑게 이스트 디-쿤디궁그스프리시트

해약 통고기간은 얼마동안 입니까?

990. **Wir müssen zwei Monate**
비어 뮌센 쓰바이 모-나테

vorher kündigen.
포아태아 퀸디겐

2개월 전에 예고할 필요가 있습니다.

991. **Für die Renovierung beim Auszug**
퓌어 디- 레노비-룽그 바임 아우스쭈-크

müssen wir auch bezahlen.
뮌센 비어 아우후 베싸-렌

퇴거할 때에는 개축비용도 지불해야 합니다.

992. **Ist das so üblich?**
이스트 다스 쏘- 위-프릿히

그것은 극히 일반적인 일이오니.

993. **Ja, in Deutschland muß eine Wohnung**
야- 인 도이취란트 무스 아이네 보-눙그

im gleichen Zustand verlassen
임 그라이헨 쑤-스탄트 페아랏쎈
werden, wie sie bezogen wurde.
벨덴 비- 지- 베쏘-겐 불데
네, 독일에서는 주택은 입주 했을때와 같은 상태로 인도해야만 합니다.

994. **Die Miete beträgt kalt DM 1200**
  디- 미-테 베트레-크트칼트 데엠
  (tausendzweihundert Mark).
  타우젠트쓰바이훈델트 마르크
  집세는 아무것도 없이 1200마르크 입니다.

995. **Was heißt das?**
  바스 하이스트 다스
  그것은 무슨 뜻인가요?

996. **Das heißt ohne Heizung und**
  다스 하이스트 오-네 하이쭝그운트 운트
  Elektrizität.
  에렉크트리씨테-트
  난방과 전기대금이 포함되지 않는다는 뜻입니다.

997. **Wie haben Sie die Wohnung**
  비- 하-벤 지- 디= 쏘-눙그
  gefunden?
  게푼덴

26. 전세방 찾을때의 관용적 표현

당신들은 주택을 어떻게 찾아냈습니까?

998. Wir haben in der Zeitung nach
비어 하-벤 인 데어 싸이퉁그 나-하
Inseraten gesucht.
인셀라-텐 게주흐트
우리는 신문 광고란에서 찾았습니다.

999. Ich möchte umziehen, da ich so
이히 뫼히테 움씨-헨 다- 이히 조-
abgelegen wohne.
앗프게레-겐 보-네
나는 아주 불편한 곳에 살고 있기 때문에 이사하고 싶습니다.

1000. Ich suche eine Wohnung
이히 주-헤 아이네 보-눙그
in einem ruhigen Wohngebiet.
인 아이넴 루-이겐 보-은게비-트
나는 한가한 주택가에 주택을 찾고 있습니다.

전세방

부록 : 사용도가 높고 짧은 관용적 표현

1. **Was ist das?**
   바스 이스트 다스
   이것은 무엇인가요?

2. **Wie heiβt das?**
   비- 하이스트 다스
   이것은 무엇이라고 합니까?

3. **Wie sage man……auf deutsch?**
   비- 자-크트만   아우프 도이취
   …을 독일어로 어떻게 말합니까?
   ☞ 알고있는 영어 단어나 표현에서, 독일어로 어떻게 말하느냐고 물을때…하는 dog 등을 삽입해 봅시다.

4. **Nach Ihnen, bitte!**
   나-하 이넨   빗테
   어서 먼저!

5. **Folgen Sie mir bitte!**
   폴겐   지- 미어 빗테

저를 따라 오십시오.

6. **Links oder rechts?**
   링크스 오-다 래히쓰

   왼쪽, 아니면 오른쪽?
   ☞ 차를 타고 있을 때, 흔히 묻거나, 질문을 받는 표현.

7. **Hier oder da drüben?**
   히-어 오-다 다- 드뤼-벤

   여기, 아니면 저기?

8. **Da drüben!**
   다- 드뤼-벤

   저기입니다!

9. **Hoppla!**
   홋프라

   이키(아이구).
   ☞ 웅덩이 등을 뛰어넘을 때에, 이것이 자연히 입에서 나오게 되면, 회화능력도 대단한 것이 됩니다.

10. **Ach so!**
    아하 조-

    아하, 그래요.
    ☞ 이 표현은 회화를 계속하기 위한 윤활유가 될

것입니다.

11. Mach's gut !
마하스 구-트

잘 하게나.

12. Danke, gleichfalls !
단케 그라이팔스

고마워, 너도(잘하게나).
☞ gleichfalls[그라히파르스](마찬가지로)는 상대방이 한 말을 그대로 반복할 때에 씁니다. 여러가지 경우에 쓰여지는 응용범위가 넓은 표현입니다.

13. O, wie schade !
오- 비- 샤-데

참으로 섭섭하다 !

14. Na klar.
나- 크랄-

물론이다.
☞「너도 하겠는가」라고 다짐을 할 때에 쓰입니다.

15. Alles klar ?
알레스 크랄-

변함이 없느냐 ?

부록-사용도가 높고 짧은 관용적 표현   229

☞ 친한 사이에 「잘있어」의 뜻으로 쓰입니다.

16. Ja, alles klar.
야- 알레스 크랄-

응, 문제없어.
☞ 친한 사이에 「잘있어」의 뜻으로 쓰입니다.

17. Das glaube ich.
다시 그라우베 이히

나는 그렇게 생각해요.

18. Ja, richtig.
야- 리히티히

네, 그렇습니다.

19. So ist's.
조 이스트 애스

바로 그대로 입니다.

20. Meinetwegen !
마이넷베-겐

나는 좋아요.
☞ 「나에 관해서는 의의가 없다」는 뜻으로 쓰여집니다.

21. Aber ich bitte Sie !
아-비-이히 빗테 지-

그런말 하지 마세요.

22. Da muß ich doch sehr bitten.
다- 무스 이히 돗호 제-아 빗텐
농담이 아니예요.

23. Es gefällt mir.
애스 게펠트 미어
내 마음에 들어요.

24. Was gibt es Neues?
바스 기-프트 애스 노이에스
어떤 새소식이 있습니까?

25. Um Gottes willen!
움 곳테스 빌렌
야단났는데.

26. Gott sei Dank!
곳트 자이 당크
아, 고마와라.
☞ 불안이나 걱정이 사라졌을때.

27. Nichts zu machen!
니히츠 쭈- 맛헨
어찌할 도리가 없다.

28. **So schnell wie möglich.**
조- 슈넬   비- 뫼그릿히

되도록 빨리.

☞ 의뢰했던 일을 빨리 해달라고 할때나, 택시 운전사 등에게도 쓰여집니다.

29. **ist das möglich?**
이스트 다스뫼-크릿히

그런일이 참으로 있나요?

30. **Ach, so was!**
앗하   조- 바스

그러한 일!

31. **Unmöglich!**
운뫼-크릿히

있을 수 없는 일이야!

32. **Kommt nicht in Frage!**
콤트   니히트 인 프라-게

문제가 되지 않아요!

33. **Keine Ahnung!**
카이네   아-눙그

예측할 수 없어요.

☞ Ich weiß es nicht.[잇히·바이스·에스·니히트]보다도 개인적인 뉘앙스가 있습니

다.

34. **Nicht, daβ ich wüβte.**
니히트 다스 이히 뷔스테

아니, …모릅니다.

☞ 확실하지 않는 부정의 표현. 「내가 알고 있는 한, 그렇지 않다」라고 말할때 쓰입니다. Mir ist nichts bekannt[미-어·이스트·니히트·베칸트]라고도 합니다.

35. **…, nicht wahr?**
니히트 바-르

…그렇지 않아.

36. **Du, liebe Zeit!**
두- 리-베 싸이트

아이구머니!

37. **Mag sein!**
마-크 자인

그럴는지도 몰라.

38. **Kann sein!**
칸 자인

글쎄, 아마도.

39. **Es ist mir egal.**
에스 이스트 미어 에가-르

아무렇게나 좋아요.

40. **Lassen Sie's !**
랏센 지-스

그만 두세요.

41. **Jetzt reicht es mir.**
에쓰트 라이히트 에스미어

이제 충분해요.

42. **So geht es nicht mehr weiter.**
조- 게-트 에스니히트 메아 바이타-

더 이상 이대로는 안되요.
☞ 부모가 게으름뱅이 아이에게 주의를 줄 때.

43. **Das ist fehl am Platz.**
다스 이스트 펠- 암 프랏츠

이것은 장소가 달라요.

44. **Das ist Geschmackssache.**
다스 이스트 게슈막크스잣헤

그것은 취미 문제이다.
☞ 우리말 속담의 「오이를 거꾸로 먹어도 제멋」
 이란 것과 같습니다.

45. Das ist aber Pech!
다스 이스트 아-바 펫히

그것은 또 운이 없군!

46. Das ist ja großartig.
다스 이스트 야- 그롯-스알팃히

그것은 멋지다.

47. (Das ist ja) toll.
다스 이스트 야-톨

굉장하다.

☞ 스스럼 없는 속어적인 표현입니다.

48. Das nur zu Ihrer Information!
다스 누-어쭈- 이-라 인폴마씨오-은

참고로 알려줍니다.

49. Das kann ich mir gut vorstellen.
다스 칸 이히 미어 구-트 포아쥬테렌

나로서는 그것을 잘 압니다.

50. Ist alles in Ordnung?
이스트 알레스인 올드눙그

괜찮아요?

51. Ist das so richtig?
이스트 다스 조- 리히티히

이러면 됩니까?

52. **Ist das O.K.?**
    이스트 다스 오-케-
    O.K인가요?
    ☞ 영어의 「오-케-」는 그대로의 발음으로 독일어 에서도 쓰여집니다.

53. **Das ist sehr nett von Ihnen.**
    다스 이스트 재아 넷트 폰 이-넨
    친절히 대해 주셔서 감사합니다.

54. **Ich werde Ihre Freundlichkeit nicht vergessen.**
    이히 벨데 이-레 프로인트릿히카이트 니히트
    페아겟센
    당신의 친절은 잊지 않을 것입니다.

55. **Bitte, bitte, gern geschehen.**
    빗테 빗테 게른 게셴
    천만에요. 기꺼이 한 일 입니다.

56. **Da bin ich aber erleichtert.**
    다- 빈 이히 아-바- 에아라이히텔트
    조금 마음이 가벼워 졌습니다.
    ☞ 자기의 실패를 용서 받거나, 해야만 한다고 생각하고 있던 귀찮은 일이 먼저 되었을 때에

쓰입니다.

57. Ich werde mein Bestes tun.
이히 벨데   마인   베스테스   툰-
전력을 다하겠습니다.

58. Bis wann brauchen Sie es?
비스 반   부라우헨   지-에스
언제까지 그것이 필요합니까?

59. Nur wenn es Ihnen nichts ausmacht.
누-어 벤   에스이-넨   니히츠   아우스마하트
필요 이상의 수고가 아니라면.
☞ 상대방의 호의적인 제의를 받아들일 때 쓰입니다.

60. Allmählich leuchtet es mir ein.
알메-릿히   로히텟트   에스미어 아-인
차츰 알게 되었습니다.

61. Wenn schon, denn schon!
벤   숀-   덴   숀-
이왕 이렇게 된 바에야, 이젠 어떻게 되든 알게 뭐냐!
☞「한번 나쁜 일을 시작한 바에는 끝까지」의 뜻도 있습니다.

62. **Kommt Zeit, kommt Rat.**
콤트　　　싸이트 콤트　　　라－트

시간이 지나면, 좋은 지혜가 떠오른다.

63. **Andere Länder, andere Sitten.**
안데레　　렌다－　　안데레　　짓텐

다른 나라에는 다른 습관이 있다.(로마에 가면 로마의 습관을 따르라.)

☞ 라틴어의 속담 Cuius regio, eius religio[우이우스·레－기오·에이우스·레리기오]의 독일어 번역입니다.「고장 마다 풍습도 가지가지」에 해당 됩니다.

64. **Übung macht den Meister.**
위－붕그　마하트　　덴　　마이스타－

연습은 명인을 만든다.

65. **Wie buchstabiert man das?**
비－　부－후슈타비－르트 만　　다스

그것은 어떻게 철자를 씁니까?

66. **Wollen Sie bitte buchstabieren!**
볼렌　　　지－　빗테　부－후슈타비－렌

철자를 말해 주십시오.

67. **Drücken Sie sich näher aus.**
드륔켄　　　지－　짓히　네아－　아우스

더욱 명백히 말해 주십시오.
☞ 어금니에 무엇이 끼인 듯한 표현이 아니라, 「분명히 말해주시오」라고 말할 때 쓰입니다.

68. Kann ich mich darauf verlassen?
칸 이히 밋히 다라우프 페아랏센
큰 배를 탄 기분으로 있어도 될까요?

69. Ich bin glücklich.
이히 빈 그룩크릿히
나는 행복하다.

70. Ich bin überrascht.
이히 빈 위-바-랏슈트
놀랐습니다.

71. Ich bin sehr beschäftigt.
이히 빈 제어 베세프티크트
아주 바쁩니다.

72. Ich bin ganz Ihrer Meinung.
이히 빈 간쓰 이-리 마이눙그
당신의 의견과 똑같습니다.

73. Ich habe Angst.
이히 하-베 안그스트
나는 걱정이다.

74. **Er hat schlechte Laune.**
에어 핫트 슈레히테 라우네

그는 기분이 나쁘다.

☞ Er ist schlecht gelaunt.[에스·이스트·슈레히트·게라운트]도 같습니다.

75. **Worin liegt der Unterschied?**
보린 리-크트 데아 운타-시트-

어디에 차이가 있습니까?

76. **Was ist der Unterschied?**
바스 이스트 데어 운타-쉬-트

다른 점이 무엇입니까?

77. **Das ist nicht meine Sache.**
다스 이스트 니히트 마이네 잣헤

그것은 나에게 관계가 없다.

78. **Das ist nicht mein Bier.**
다스 이스트 니히트 마인 비-어

그것은 내가 관계할 바가 아니다.

79. **Wollen wir eine Pause machen?**
볼렌 비어 아이어 파우제 맛헨

쉬기로 합시다.

80. **Ist das alles?**
이스트 다스 알레스

이것이 전부인가요.

81. **Das ist kaputt gegangen.**
    다스 이스트 카푸트 게강겐

    망가져 버렸다.

82. **Jetzt bin ich dran.**
    예쓰트 빈 이히 드란

    이번에는 내 차례다.
    ☞ 트럼프나 바둑등에 있어서, 자기 차례가 되었을 때에,

83. **Was tut man in dem Fall?**
    바스 투-트만 인 뎀 팔

    이런때는 어떻게 하면 됩니까?

84. **Ich habe einen Schwips.**
    이히 하-이 아이넨 슈비프스

    나는 얼큰한 기분입니다.
    ☞ Ich bin beschwipst.[잇히·빈·베누비프스트]
    라고도 씁니다.

85. **Haben Sie es eilig?**
    하벤   지- 에스아이릿히

    급하십니까?

86. **Ich kenne ihn bloβ dem Namen nach.**

나는 그를 이름만 알고 있습니다.
☞ 「…씨를 알고 있습니까」로 물었을 때.

87. Ich komme nicht auf ihren Namen.
이히 콤메 니히트 아우프 이-렌 나-멘
그녀의 이름이 떠오르지 않는다.

88. Wenn ich mich nicht irre,…
벤 이히 미히 니히트 이레
내가 잘못생각하지 않았다면….

89. Wenn ich mich richtig(recht) erinnere,…
벤 이히 미히 리히틱히 레히트
에아인네레
나의 기억에 틀림이 없다면….

90. Wer zuletzt lacht, lacht am besten.
베어 쭈-레쯔트 라하트 라하트 암 베스텐
최후에 웃는자 가 가장 참되게 웃는 것이다.

91. Ende gut, alles gut.
엔데 구-트 알레스 구-트
끝이 좋으면 모두 좋다.
☞ 90. 91.는 독일의 속담입니다.

92. Schönes Wochenende !
쇠-네스 봇헨엔데
즐거운 주말을 !

독일의 승차 풍경

　버스나 전차안에서도 흔히 큰 개를 데리고 타는 사람을 볼 수 있는데, 독일에서는 개도 전차를 탈 수가 있습니다. 단 개도 승차권을 사야 합니다. 이밖에 지하철 등에도 자전거를 가지고 탈 수 있습니다. 차량 뒷쪽에 자전거를 두는 곳이 마련되어 있습니다. 어떤 차에도 경노석과 신체장애자용의 좌석이 마련되어 있습니다. 개를 태울 수 있고 어린이용 차를 태울 수 있는 것은 한국과는 달리 자리가 비어있기 때문이라고 말할 수 있을 것입니다. 초만원전차는 거의 찾아볼 수 없습니다. 그만큼 자가용차의 이용률이 높다고 말할 수 있습니다.

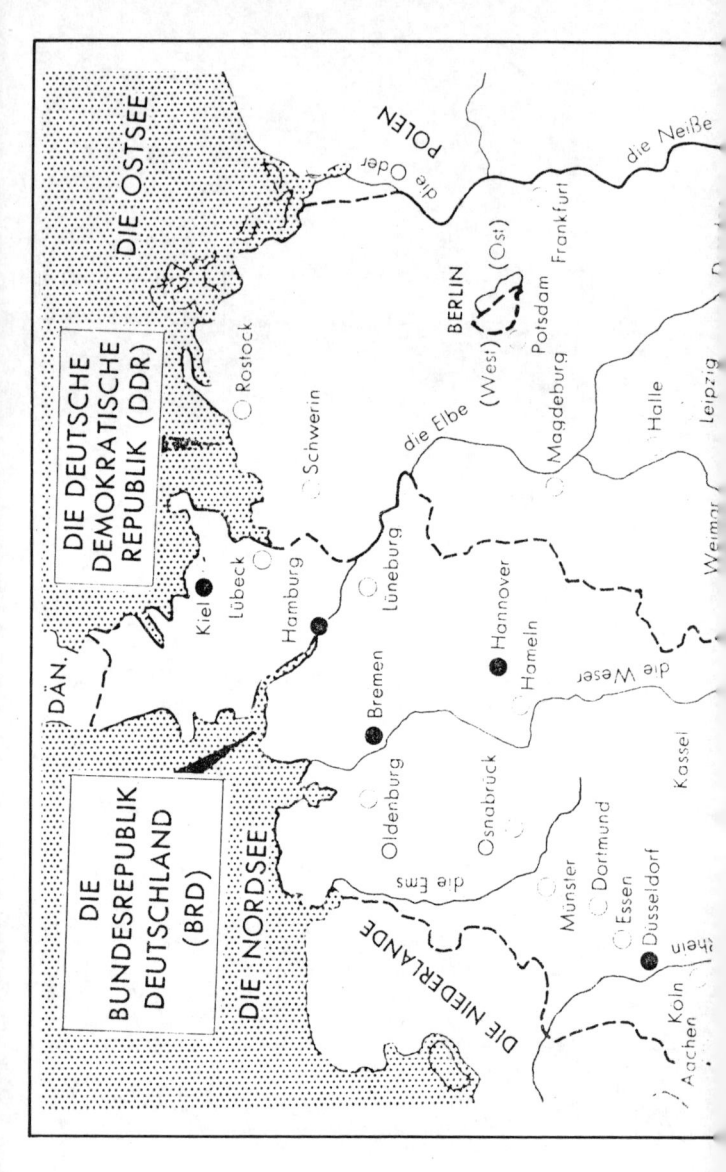

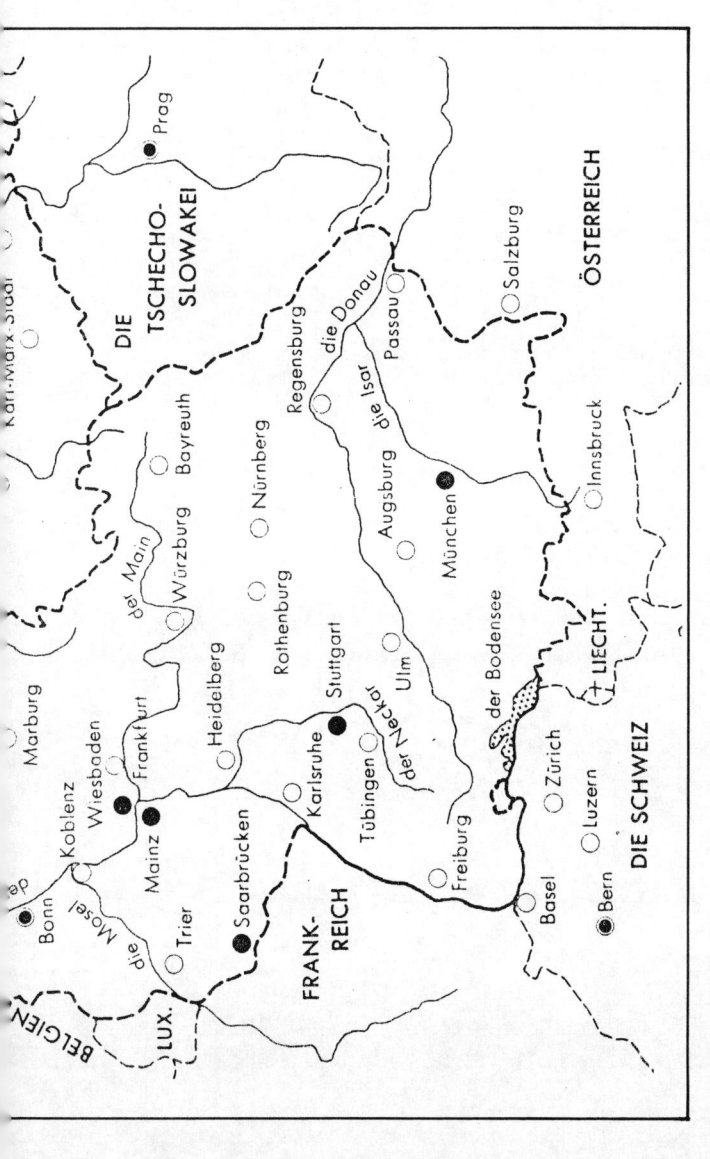